U0926405

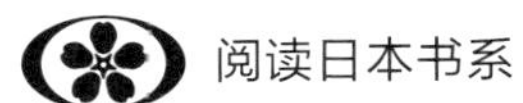

京都

千年古都

【日】高桥昌明 著
高晓航 译

内容提要

京都，古老典雅且静谧。长年的历史积淀，使得京都处处都彰显着千年古都的繁华光景。然而实际上现在的京都中，平安时代的建筑早已湮没于历史的尘埃，荡然无存。这座都城是如何诞生，又经历了怎样的风云变迁，才最终作为“古都”残存下来的呢？本书以古都的诞生开篇，用悠然的笔触描绘了京都的悠悠历史漫漫人情，为大家揭开了“花之都”的神秘面纱。

图书在版编目（CIP）数据

千年古都京都 /（日）高桥昌明著；高晓航译．—
上海：上海交通大学出版社，2016（2018重印）
（阅读日本书系）
ISBN 978-7-313-14041-8

Ⅰ.①千… Ⅱ.①高… ②高… Ⅲ.①日本—历史
Ⅳ.①K313

中国版本图书馆CIP数据核字（2015）第261397号

上海市版权局著作权合同登记号：图字09-2015-304

千年古都京都

著　　者：【日】高桥昌明　　译　　者：高晓航
出版发行：上海交通大学出版社　　地　　址：上海市番禺路951号
邮政编码：200030　　电　　话：021-64071208
出 版 人：谈　毅
印　　制：苏州市越洋印刷有限公司　　经　　销：全国新华书店
开　　本：700 mm × 1000 mm　1/16　　印　　张：15.25
字　　数：157千字
版　　次：2016年3月第1版　　印　　次：2018年9月第5次印刷
书　　号：ISBN 978-7-313-14041-8/K
定　　价：49.80元

阅读日本书系编辑委员会名单

阅读日本书系选书委员会名单

自序

这座寺的形态、造型、氛围，我都很欣赏。大报恩寺，通称千本释迦堂。位于京都市西北方向，上京区七本松路今出川上行街。即便这样解释，对于初次听说的人来讲大概也搞不清方向吧。大报恩寺以西四百米是北野天满宫，是祭奠菅原道真的地方。国宝级的本堂（释迦堂），正面五间，侧面六间，是纯和式建筑。这里的“间”指的并非是一间即六尺（约一点八米）的长度单位，而是指日本建筑中柱子之间的空隙。五间的话便是有六根柱子，柱子之间有五个空隙。本堂进深很深，十分稳固。正面是密格吊窗，两侧设有门、密格吊窗以及多槽推拉式格子门，呈现出三面开口的开放式格局。屋顶是歇山式的扁柏树皮葺顶，顶面宽敞斜度舒缓。正面的外殿用于信徒参拜，有两开间宽，甚为宽裕。

本堂在拆迁修理时，曾发现一些脊檩和上梁牌，从刻在上面的文字可以看出，本堂于安贞元年（1227年）上梁。虽说大报恩寺也是寺院，但与平安时代的贵族寺院有所不同，当时流行释迦念佛（信奉南无释迦牟尼，追求成佛），大报恩寺作为念佛道场，是一座平民的寺院。《徒然草》中对此也有所提及，大

千本释迦堂本堂 （大报恩寺/提供：便利堂）

报恩寺的长老开启了释迦念佛的风潮。本堂旁边的灵宝馆，可谓是镰仓雕刻的宝库，十大弟子立像（1218年，快庆作品）、六观音菩萨像（1224年，定庆作品）与其他两座佛像都是重要文化遗产（简称“重文”）。主佛释迦如来坐像（行快作品）虽然也是重要文化遗产，但被安藏在寺院最里面正殿的佛龛中，并不对外公开。

大报恩寺修建时，正逢京都历史上的重要时期。大报恩寺初建于承久三年（1221年），正是承久之乱发生的那一年。后鸟羽上皇企图推翻镰仓幕府未果，反而造成了王朝势力衰退，武家势力膨胀的结果。自平安建都以来，内里（皇宫）一直处于烧毁和重建的循环中。安贞元年，大报恩寺本堂上梁，同年内里（禁宫）被烧毁，此后再未被重建过。这也意味着时代已经进入镰仓时代，平安时代已完全成为过去式。

“京都”这座大城市，自不必说，始于都城“平安京”，这也是平安时代的由来。因此现在说起京都，很多人会想到平安京，想到它是日本极具代表性的古都，传承着优雅的王朝文化。但实际上，现在京都的街市中，没有一处是平安时代留下的建筑。即便是天皇的住所京都御所，与原本的内里相比，位置和规模也完全不同。

环望郊外，天历六年（952年）建造的醍醐寺五重塔是最古老的建筑，这也是平安京建成后又历经了一个半世纪才修建的。其他的古老建筑，例如现在成为大原三千院本堂的往生极乐院，修建于康治二年（1143年）到久安四年（1148年）之间。太秦广隆寺的讲经堂，建造于永万元年（1165年），因为被漆成了朱色所以又称赤堂。

平安京又或者京都，曾几度遭逢战乱、大火、大地震等重大灾难，并在危机中涅槃，像凤凰一样浴火重生。在灾难与重建的反复循环中，京都没有直接继承平安京的任何建筑。至少，在地面上可见的平安京建筑荡然无存。笔者虽认为，文化遗产因为古老才值得尊敬，因为新建才视作卑下，但在理解京都的时候，不得不首先考虑以上的事实。

同样，大报恩寺也在应仁之乱中以及享保十五年（1730年）的大火中被烧毁，只残留下本堂。京都市于1889年（明治二十二年）起施行市制。当时的市区被称为旧街市。大报恩寺的本堂在旧街市的西北处，是那个区域现存最古老的建筑。京都中残存的最古老的建筑建于平安时代终结的那一年，这也是机缘巧合吧，有的时候历史就喜欢这样开玩笑。大报恩寺是新旧时代交替的里程碑，正如第三章中所述，大报恩寺是标志着京都从天皇、上流贵族的城市，向庶民主导的新城市转变的代表性建筑。

本书将从现代日本史学的角度出发，分析京都自平安京建都以来，到近代开端为止所经历的波澜起伏的历史。其中，平安京和京都作为都城，两者所代表的意义以及其具体的存在方式都有很大变化，对此本书将作出阐释。简单概括来说，本书记叙了京都作为为实现律令制这个国家的统治制度的官方设施，克服了修建的“头大脚轻”的平安京的不便之处，解决了其存在的问题，成为一个顺应时代和人心的新型城市的过程。

同时，本书也旨在具体阐明，京都与平安京虽是如此不同，却至今仍让游客们感受到平安时代氛围的缘由。

明明平安时代的东西已经所剩无几，但为什么我们仍旧能够从京都感受到“千年古都”的气息？若能解释其中的一二缘由，笔者也倍感幸运。

目录

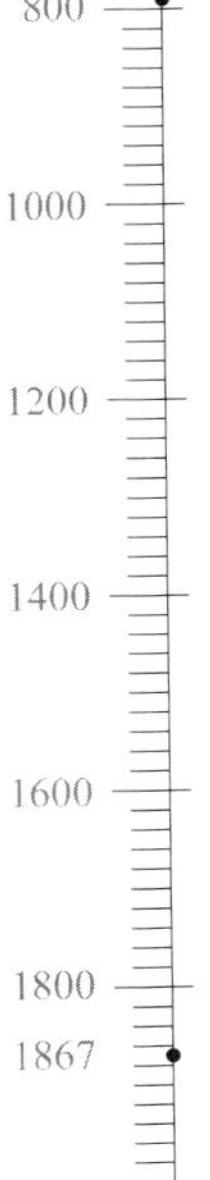

千年古都

叡山電鉄鞍馬線
上賀茂神社
国際会館
宝ケ池
修学院離宮
賀茂川
北山通
高野川
叡山電鉄
曼殊院
詩仙堂
大徳寺
金閣寺
北大路通
千本通
烏丸通
下鴨神社
白川通
相国寺
出町柳駅
仁和寺
北野天満宮
京福電鉄北野線
今出川通
銀閣寺
京都御苑
鴨川
東大路通
妙心寺
堀川通
丸太町通
JR嵯峨野線
二条城
平安神宮
南禅寺
河原町通
御池通
神宮道
地下鉄東西線
二条駅
三条京阪
三条通
京福電鉄嵐山線
四条通
四条烏丸
知恩院
天神川通
大宮駅
四条河原町
八坂神社
阪急京都線
五条通
西本願寺
東本願寺
京都国立博物館
西大路通
西京極駅
七条通
京都タワー
三十三間堂
桂川
梅小路公園
JR琵琶湖線
京都駅
東寺
JR東海道新幹線
東福寺
九条通
国道1号線
地下鉄烏丸線
京阪電鉄本線
JR奈良線
十条通
0
2 km

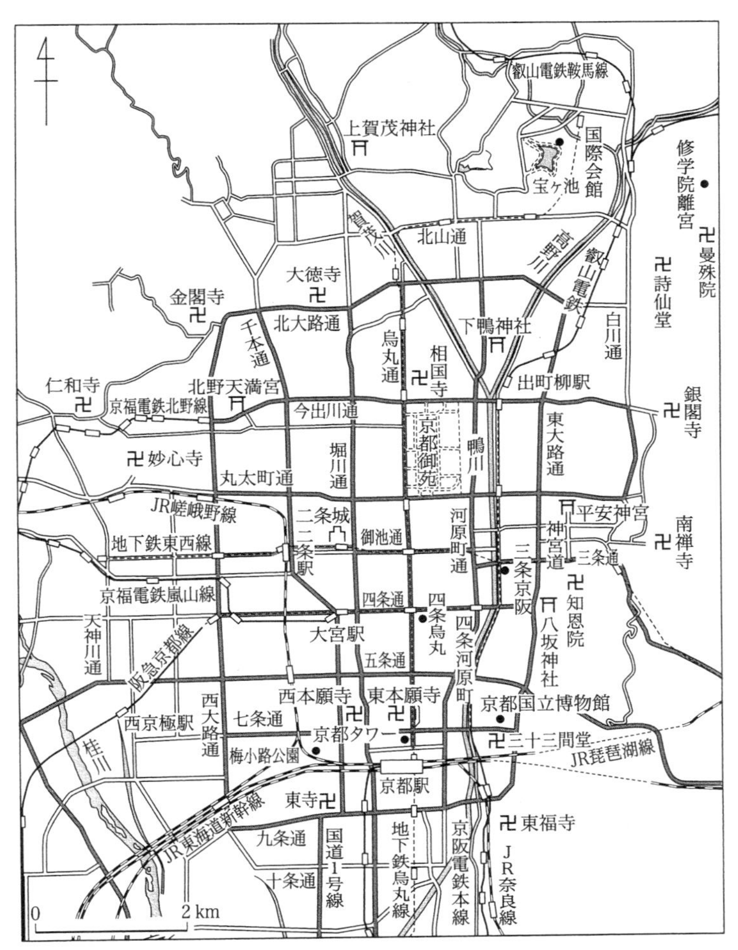

地图1　现京都市内

貴布禰社
鞍馬寺
大原
近江国
賀茂川
山城国
比叡山
日吉社
延暦寺
高山寺
神護寺
賀茂別雷社
高野川
紫野
船岡山
賀茂御祖社
唐崎
仁和寺
大覚寺
北野社
園城寺
双ヶ丘
法成寺
琵琶湖
大堰川
広隆寺
平安京
鴨川
六勝寺
祇園社
大津
松尾社
逢坂関
清水寺
山科
桂川
鳥部野
東福寺
伏見稲荷社
醍醐寺
鳥羽離宮
伏見
日野
長岡京
木幡
巨椋池
宇治川
0
5 km
大山崎
石清水八幡宮
平等院

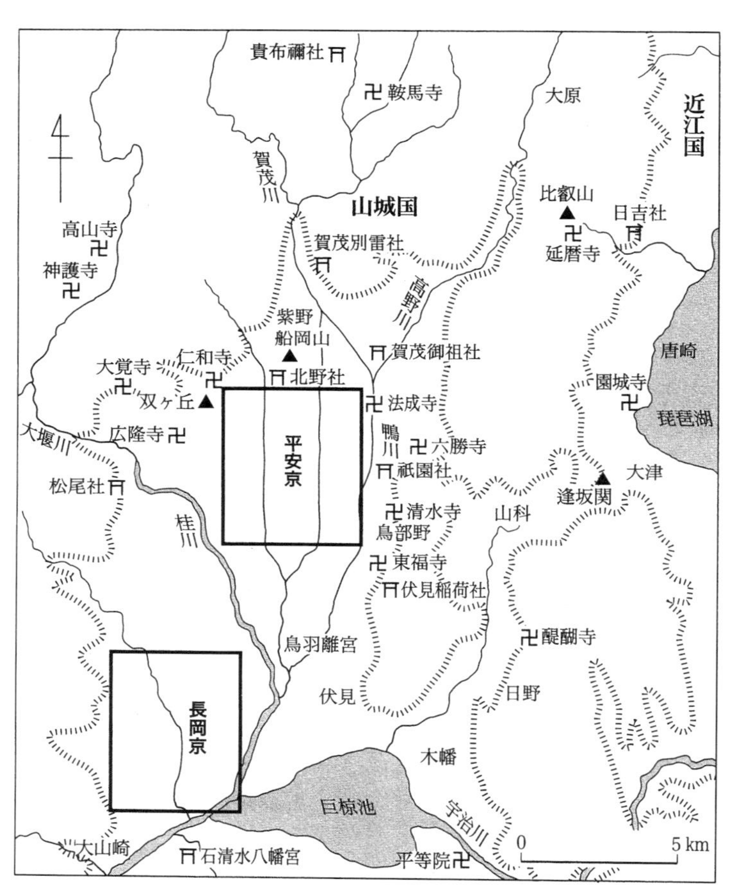

地图2　平安京、京都周边

第一章 平安京的诞生

——初始的时代

794 800

平安迁都的确切时间被认定为延历十三年(794年)十月二十二日。

桓武天皇于延历十五年(796年)的元旦,端坐于大极殿中央的高御座上,首次接受了群臣朝贺。以此为开端,在大极殿首次受到朝贺的那一年的元旦被视为平安京的开始。

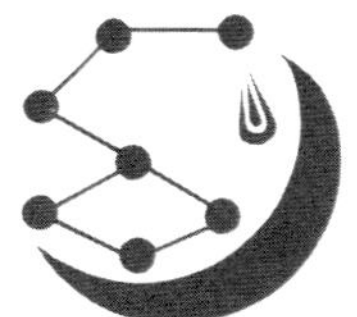

从长冈京到平安京

天应元年（781年），桓武天皇即位。桓武天皇是天智天皇的曾孙。天智天皇在672年壬申之乱当中，被其弟大海人皇子（天武天皇）打败，自此天智天皇的子孙后代再无缘皇位。但神护景云四年（770年），称德天皇的去世导致天武天皇一系的皇室血脉后继无人，时隔多年天智天皇的后代终于得以上位，白壁王以六十二岁的高龄即天皇之位（光仁天皇）。而白壁王的儿子桓武天皇不愿认可天武皇室建造的都城奈良（平城京），于是便筹划着建造天智皇室自己的都城，试图取其代之。

因此于延历三年（784年），开始拆迁当时的副都难波宫（难波京），将其移建于山背国的长冈市。实际上这只是为了防止引起民众的反对，打了一个转移副都的幌子。在长冈京的建造进入第二阶段之后，平城京的拆迁转移也逐步进行，迁都一事才得以明了。长冈京位于现在京都市的西南方向，面积覆盖了京都市的一部分、京都府向日市、长冈京市以及乙训郡大山崎町。

但随后迁都事宜的主要负责人、桓武天皇的心腹藤原种继被暗中杀害，桓武天皇的同胞弟弟早良亲王因这件事受到连坐，在流放途中绝食自尽。自那以后，建都一事虽然仍在继续，但桓武天皇身边接二连三地发生了不少不吉利的事，被认为是早良亲王的怨灵在作祟。不仅如此，长冈京洪涝灾害频发，尤其是延历十一年（792年）发生的特大洪水，水淹了长冈京的左京，由此桓武天皇断然决定再度迁都。第二年正月，桓武天皇派人视察北方的葛野郡宇太村，得到调查结果后，三月开始着手建都。此后建都一事持续了十多年。

平安京的基本构造

接下来，就让我们开启这次的京都之旅。正如前序中所述，平安京并没有以可见的形式存留于现代京都中。因此这次旅行可谓是一次历史散步，不仅要借鉴历史学和考古学方面的成果，还要大家充分地发挥自己的想象力。就像旅行中必有旅游指南一样，在旅行开始之前多少还需要掌握些基础知识。请大家稍安勿躁。

平安京南北长约5 200米，东西宽4 500米，呈现为一个纵长的长方形，远比平城京要大得多（图1-1）。占地面积比唐朝长安城面积的四分之一多一些。模仿中国的日本古代城市布局叫做条坊制。整个平安京像围棋盘一样，被东西南北的大街小巷分割成一个一个的小块，中心地区是大内里（皇宫、宫城），即天皇住所（内里）以及各个政府机关集中的地方。大内里位于平安京的正北方。

从大内里的正南门朱雀门出发，通往平安京正南方向罗城门的那条南北大路，便是朱雀大街，朱雀大街的东侧被称为左京，西侧被称为右京。天子坐北朝南，这是从天皇的视角分的左右。平安初期的嵯峨天皇喜好中国古风，便取了中国都城的名字将其命名，左京为洛阳城，右京为长安城。后来因为右京衰败的缘故，左京洛阳便成了京都的代名词。京都中心又叫做洛阳中心，去京都又说成去洛阳，便是由此而来。

左京、右京再根据纵横大路更加细致地划分的话，南北方向称为条，东西方向则称为坊。以朱雀大街为中心，东西两侧各分一到四坊，条则是一条到九条，以及在一条北侧还有一条名为“北边”的半条宽的坊。

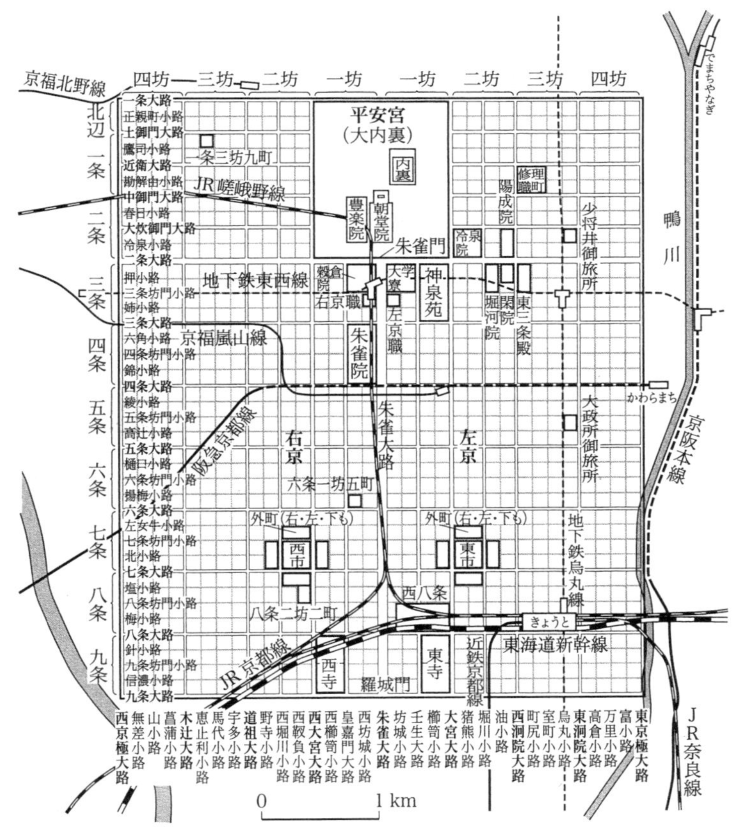

图 1-1　平安京条坊图（制图：山田邦和）

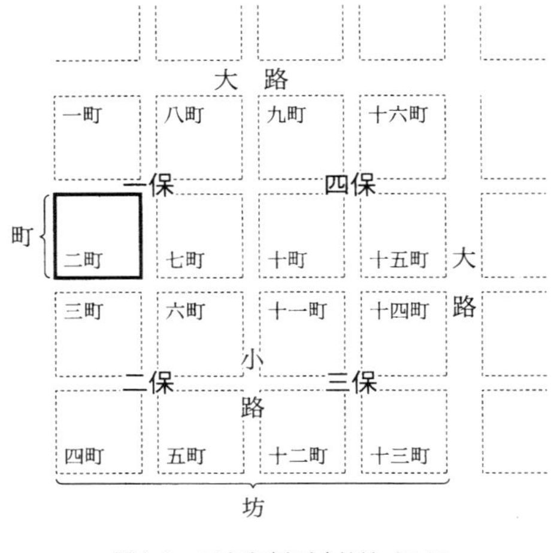

图1-2　平安京(左京)的坊、保、町

各个坊的四周被大路包围，中间地区被纵横各三条小路进一步划分成十六个小区域。这最小的区域被称为町(图1-2)。四个町被称为一个保，一个坊则由四个保，即十六个町组成。平安京中，除去大内里，统计来看应有1 136个町，主要都是居住的场所。

平安京之前的都城的设计，例如平城京，先将两条街道的中心距离设为45丈(约135米)，分别将街道宽度的一半划分出来用作房屋用地。因此房屋用地的面积因街道宽度的不同而变化。与此相比，平安京用了不同的设计方法——首先把一个町的大小定为40丈(约120米)见方的正方形，在此基础上叠加街道的宽度。采用这种方法，即便街道的宽度有所改变，所有的町仍旧是同样大小。这也是平安京被称为古代都城的完成态的原因之一。

营造尺和营造方位

《延喜式》是10世纪编纂的律令实施细则，其中记载了平安京条坊概要的相关信息。但如果想要结合现在的京都街市正确还原平安京的话，还要对营建时所使用的量尺(营造尺)的长度、营造方位有所了解。此外，还需要找到自平安京以来至今为止没有变动过的定点。

因此东寺和西寺（参照图1-1）就变得尤为重要。两座寺与平安京一同开始修建，地处平安京南部，以朱雀大街为中心线对称分布在其左右两侧。西寺因过早衰败而没能够保存下来，但通过挖掘，发现遗留构筑物却很好地保留了下来。寺院中南大门、中门、金堂、讲经堂、食堂依次从南向北直线排列，讲经堂的四周是僧房。另一方面，东寺在防灾施工中同时进行发掘考察，可以确定现在的寺院中的建筑与夯土墙的位置，与建造当初几乎没有改变。两座寺院的基本设计用的是同一张设计图，即如果东寺的五重塔在寺院的东南部的话，那么西寺的五重塔就在西南部。

在平安京的研究方面杉山信三作出了很大贡献。1962年，在一个不见来往车辆的清晨，他用卷尺实际测量了西寺寺院中轴线到现存的东寺中轴线之间的距离，其中西寺中轴线是通过之前的发掘而确定的。用测量值除以《延喜式》中两寺间的距离3 000尺，可以看出与现在的1尺（30.303厘米）相比，当时的营造尺要稍稍短一些，1尺只相当于29.91厘米。在测量西寺寺院中轴线的方位时，算出中轴线正北偏西15 ～ 20分。这些数值在之后的发掘考察中进一步得以精确，营造尺1尺等于29.83厘米，方位是正北偏西14分。

宏伟而寂寥的都城

亲爱的读者朋友，现在假设我们穿越到了1 200年前，正站在平安京的正大门罗成门上。从这儿向北方望去，能看到什么样的景色呢？虽然比不上街宽150米的长安城，但却能够看到84米宽的朱雀大街，笔直地向北延伸而去，在那遥远的彼端（3 800米），是大内里的正门朱雀门，就像一粒罂粟，隐约地出现在我们的视线里。也许您可能会觉得朱雀大街有些像机场的跑道，关西国际机场的A跑道宽60米，长3 500米，朱雀大街的长和宽都要比其高一个等级。

朱雀大街的东西两侧挖有侧沟，面向大路的左右各条第一坊上，建有高耸的坊城（坊周边的夯土墙）。侧沟和城墙外侧之间留有狭长的空地，这片空地被称为犬行。实力派贵族（公卿）虽然可以面朝大路修建有屋顶的大门，但在第一坊上却不能这样做。所以除了出入各条坊间的大门以外，即便是官府也不可以面朝朱雀大街修建大门。

因此，朱雀大街虽说是平安京首屈一指的大路，但也只有街道两旁的柳树能增添一点情趣，与商贩叫卖、人山人海这样的热闹场景扯不上半点关系。街道修建的比实际用到的大得多，多是在仪式、祭祀、佛事，特别是接待外国使臣时所用。都城与街道相同，为了彰显其威严，修建得尤其宏伟。

平安京左京、右京的七条上，设有官办的东西两市，摆放销售货物的店铺鳞次栉比地排列在此。东西两市是官吏（官员）或官署筹措必要物资的地方，在开始修建新都的第二年，即延历十三年（794年）七月，东西两市便早早地从长冈京迁了过来，在此修建了店铺，商贩也一并转移了过来。商贩要在户籍簿上登记，销售的商品种类、价格、营业时间都由市司[1]统管，可以说东西两市是一个典型的远离公共市场的政府机构。10世纪的时候，每月上旬开东市，下旬开西市，这也许是反映了刚成立时的情况吧。此外，东西两市也是犯人公开行刑的场所。

1 市司，在律令制下管理都市市场的官司，属左右京职，曾分别设有东市司和西市司。

平安京中还设有民政机关。市司的上级机构是左右京职[1]。在户籍簿上登记的居民叫做京户，在都城外分有口分田[2]。虽然没有相关的史料直接记载迁都时平安京的人口数量，但据推测9世纪时人口大约为12万人，不超过13万人。

漫步大内里遗址

平安京的中心就是这个律令国家的司令塔——大内里。大内里南北长约1 393米，东西宽约1 146米（图1-3）。大内里根据建筑用处的不同，分为南北两个部分。南部是朝堂院、丰乐院、二官八省的曹司（官员的办公处）等公共场所。二官指的是神祇官和太政官，前者主持神明祭祀，管理各国官社[3]。后者总管八省及其下属各司（官署、官吏）、各国，是治理国家政务的最高机关。八省指的是八个省（中央行政机关），即中务省、式部省、治部省、民部省、兵部省、刑部省、大藏省、宫内省。与此相对，大内里的北部则是内里等天皇的私人空间。大内里，就像是一个皇宫与霞关[4]的结合体。

大内里遗迹主要残存于现在京都市上京区的西南部，也覆盖了中京区的一部分。那里有许多小型寺院，十分幽然静谧。特别是在内里附近，很多古色古香的个人住宅和商店聚集在此。大内里的遗迹长眠于地下，地面上只留有一些解释说明此处历史的介绍板或石碑。

大内里的发掘调查工作虽然在20世纪60年代就已经正

1　京职，在律令制中分为左京职、右京职，是负责京都的司法、警察、民政等的官署。

2　口分田，根据班田收授法，授予所有老百姓的允许终身使用、用益的田。

3　官社，《延喜式神名账》中记载的接受祈年祭祀奉币的神社。

4　霞关，位于东京都千代田区南部的中央机关街区。集中了最高法院、外务省、大藏省等各省厅舍，是日本政治、行政的中心地。

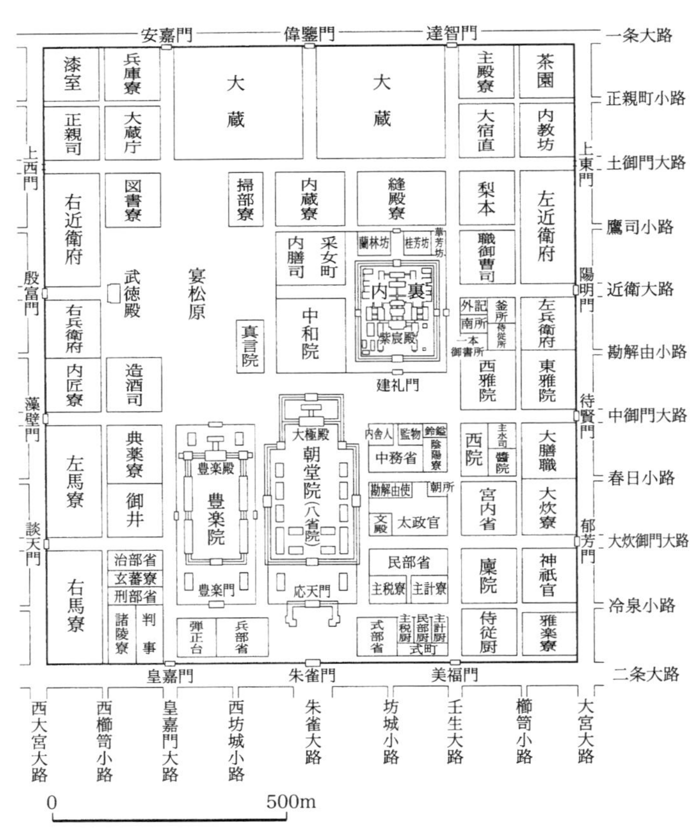

图 1-3　大内里（平安宫）（制图：山田邦和）

式展开进行，但由于鲜有大规模的建筑施工，所以多是一些小规模的事前调查，例如参与一些气体管道设施工程之类的小规模施工，由此确认该处是否含有遗留构筑物或是否有文物的地层。遗留构筑物的残存情况也绝不乐观。其原因之一，便是这附近的硬土层是由一种叫做“聚乐土”的良性黏土构成的，以前日本墙壁多采用这种墙泥来做面漆。虽然如此，但随着调查件数的积累，关于大内里的信息也逐渐丰富了起来。依照这些史料，在这段紧张的京都旅程中，让我们先去一睹不曾去过的大内里遗迹的风采。

虽然通往大内里的路线有很多，但这次我们选择在JR京都站乘坐嵯峨野线过去，在第二站二条站下车（参照卷首地图1）。车站前的广场是南北走向的千本路，这条路与平安时代的朱雀大街几乎重合，但千本路最宽处只有25米，与84米宽的朱雀大街相比，实在是横纲与平幕[1]之间的差别。沿着千本路东侧的人行道向北走约300米，在路旁就能看到刻着朱雀门遗址的石碑，旁边的墙壁上挂着介绍示意板。

朱雀门是大内里十二道门中的一道，是大内里外郭（宫殿城墙）的中央大门，也是十二道门中最大的一道门。朱雀门正面七开间，侧面二开间，中央的五开间是大门。朱雀门也被称为南门，另外因为是二层建筑，所以也被称为重阁门。朱雀门的名字学自唐朝长安城，早在藤原宫和平城宫的时代就被使用过。

八省院

朱雀门的北侧便是大内里。朱雀门北侧不远处设有八省

1　平幕，相扑中非头衔力士的幕内力士，与顶级的横纲力士相差甚远。

院（图1–4）。八省院是大内里的中枢机构，南北长约465米，东西宽约191米，周围被宽约12米的围墙回廊环绕。八省院是有地基的基石结构建筑，瓦屋面、朱漆柱，非常气派。平城京时代称它为朝堂院，平安京时代最初也是这样命名的，随后在弘仁时期（810—824年间）改名为八省院。本书按照时代划分区别使用两个名字。

从八省院南面的应天门而入，东西两侧分别建有朝集堂。正如其名，朝集堂是为上早朝的贵族（五位[1]以上的上级官员）和官人（各省中初位到六位之间的官吏总称，此后书中均采用此意）而设，是正门会昌门开门前休息的场所。千本路贯穿应天门和会昌门，向北而上。进入会昌门后，十二个朝堂左右对称排列，包围着中间宽阔的朝庭。这个空地是大臣们面向天皇而站的地方。

八省院的内侧（北部），有大极殿院的回廊，里面设有大极殿，两翼处建有青龙、白虎两楼，大极殿的后面是小安殿（天皇在进入大极殿之前休息的场所）（参照图1–4）。这种北侧正殿（大极殿），东西侧殿（朝堂），中央设庭（朝庭），朝南开口呈“コ”字形的建筑布局，是古代举行仪式、办公场所通用的布局。这一点与之后将要叙述的内容有关，希望大家先留有一个印象。

太政官主要包括太政大臣、左右大臣、大纳言（也称为公卿官、议政官，后也包括中纳言、参议）等官员，太政官处理各类案件即为朝政。分布在朝庭周围的朝堂是处理朝政的地方。贵族和官员们每日黎明时分到各自的所属朝堂任职，处理日常政务（口头处理下级机构上报的案件）。重大案件则需

1 五位，位阶的第五位。分正五位和从五位。日本令制规定，五位以上须天皇授予，待遇较六位明显优厚。

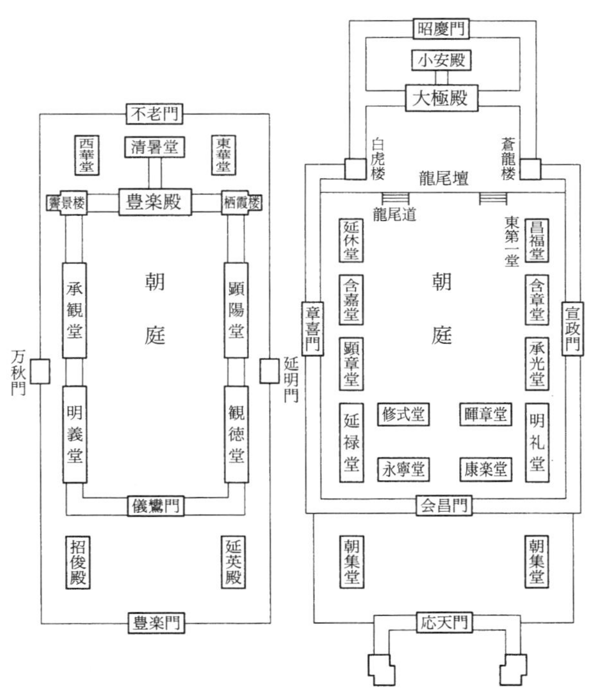

图 1-4　八省院（右）、丰乐院（左）复原简图（原图：山田邦和，寺升初代）

要征询太政官的意见，在这种情况下，官员们在结束每天的日常政务后，由弁官（实际掌管太政官行政运作的中下级贵族）带领，去大臣办公的十二朝堂中最重要的东第一堂（昌福堂），进行报告审批。通过近几年的发掘，找到了东第一堂北侧外廊的地基。太政官无法定夺的案件会不定期地上报给天皇，等待审批。听政是指天皇亲自审批国家政务相关的案件，为此天皇会驾临国家正厅大极殿。

官员们口头处理完政务后，会到八省院以外的各曹司处理书面政务（即文书的制成、盖章、保存等）。奈良时代前期，官员人数增加，政务也变得复杂多样，绝大部分的实质性政务都由曹司进行处理。天皇也不再驾临大极殿（有力的一说认为，自奈良时代起天皇就已经在内里处理日常政务了）。朝政一旦荒废，八省院也就失去了其作为政务处理场所的作用。平城宫的朝堂院，政务和仪式在没有分化的情况下便在此处理、举办，到了平安宫时期，仪礼从政务中分化出来，八省院成为举办仪礼的场所，专门举行国家级的仪式或庆典。

二条大路与神泉苑

大内里的城墙南侧，有一条东西走向约51米宽的二条大路（图1-5）。二条大路的宽度仅次于朱雀大街，与现在御池路（从鸭川西岸到堀川路）的宽度大致相同。现在几乎看不到半点残留遗迹，只有在朱雀门碑稍微靠南的一侧，留有一条狭窄的东西走向的小道而已。在碑的东侧，约260米处是江户初期建造的二条城的西护城河。实际上二条城深深地修嵌在大内里的东南角，是京都观光的必经之处。

二条大路西护城河的外侧，是南北走向的美福路。其名字来源于大内里十二道门之一的美福门（参照图1-3）。1976年，在维修美福路的人行横道时，发现了东西走向的沟状遗构（宽2.4米）。这是二条大路的北侧沟，即大内里最南侧战壕沟的遗迹。遗构北侧约两米处，在硬土层（天然地基）上方检验出了两米宽的黏土层，因此判定其为大内里外部围墙的遗迹。另一方面，二条城北护城河外侧的东西走向的竹屋町路与南北走向的大宫路（其名字源于平安京的大宫大路）相交，在其交点附近，检测出了南北走向的沟状遗构。二者结合起来，勾勒出了大内里的最南边和最东边的轮廓。

神泉苑在二条城的南侧，原是模仿长安的兴庆宫，在修建大内里时为天皇建造的庭院。神泉苑地处大内里的东南方向，南北长为516米，东西宽约252米，规模十分宏大。其中有一座大型人工湖，湖中央建有小岛。神泉苑是桓武天皇非常中意的离宫，经常在此狩猎水鸟或鹿，举行诗会，以及赏花、赏鱼会。原本只有中心建筑才会使用的绿釉瓦也铺在了此处。用这种瓦的只有大极殿等国家的中心机构，由此可见神泉苑并非简单的庭院，而是具有国家意义的重要设施。由于二条城的兴建，神泉苑的规模缩小到原来的十六分之一，往日的风采荡然无存。现在的御池路的名字就是依据神泉苑中人工湖的名字而来的。

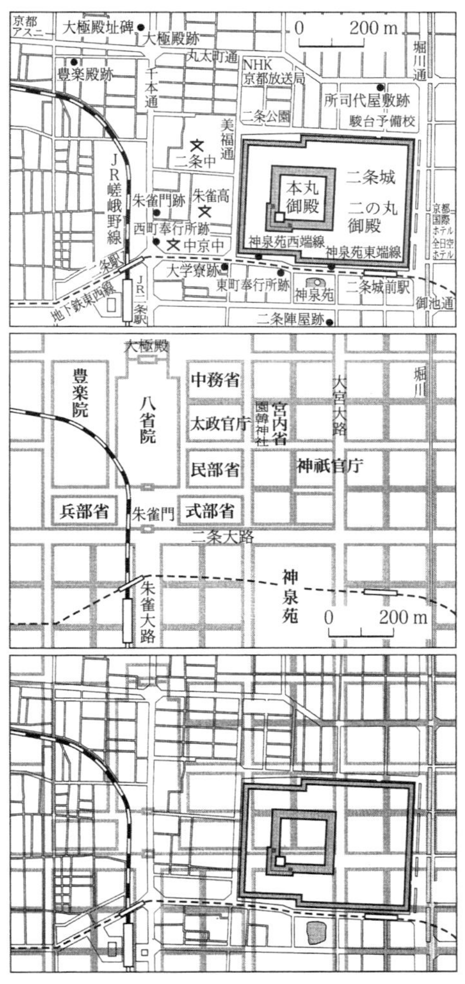

图1-5 大内里东南部 （上）现状，（中）平安初期，（下）两图重合后的合成图（制图：山田邦和）

二条城的东南方向有市营的地铁二条城前站。检票口附近设有展区，展示一些在地铁修建的发掘调查中出土的遗构和遗留物品。神泉苑遗址中在园池岸边发现了堆砌的木材，因此推断其为船只泊靠的地方。此外出土的瓦片中也发现了刻有“神泉苑”标记的平瓦。

从皇宫的最南端沿着美福路向北行，左手边能看到朱雀高中，接着便是二条中学。学校的围墙和围栏前设有式部省、民部省的遗迹说明板。再往前走，右手边的二条公园里有一个园韩神社（园神和韩神，供奉于宫内省的神），以及宫内省遗址，左手边是太政官厅的遗址。公园翻修前，在2003年的遗迹确认调查中，发现了宫内省西面南北走向的围墙基底和沟渠遗构。此外还在一些土层中发现了平安时代前期的低温陶器和瓦片。步行大约550米就能到达一个三岔路口，是美福路和东西走向的丸太町路的交叉点。丸太町路北侧有一栋公寓，入口处立着说明板，上面记录着中务省东面围墙以及内外沟渠的出土情况。在律令时代美福路的两侧也排列着重要的政府机构建筑。

大极殿遗址

从此处沿着丸太町路向西折返大约260米，就会再次看到千本路。千本丸太町的交叉点是一个切去四角的形状（图1-6）。这里车辆来来往往络绎不绝，正是过去大极殿前龙尾坛的遗址（参照图1-4）。

前文曾提到，平安京时期的八省院是举办仪礼事宜的场所，这一点从大极殿院的变化中也可以看出来。到长冈京为止，大极殿从朝堂院的一部分中脱离出来，通过回廊南面正中央的大极殿门与朝庭相连。但是到了平安时代，大内里中隔开两者的回廊被拆除，大极殿建在龙尾坛上，只高出一个台阶，大极殿前变成了一个开放的空间。换言之，大极殿变成了八省院的正殿，通过龙尾坛与朝庭相连。天皇在即位、朝贺或者视告朔（每月一日，天皇检查百官勤务状态的仪式）等活动中，驾临大极殿，坐在前庭中央的高御座（天皇的宝座）上，听大臣们上奏所规定的事宜。朝庭要矮一个台阶，沿着龙尾坛向南扩展，文武百官按照品阶顺序依次排列。可以说八省院是一个彰显天皇和大臣上下地位的地方，是一个大臣为向天皇宣誓忠诚、服从而表现其礼仪的地方。

图1-6　千本丸太町交叉点附近现状　从东南角拍摄

从三岔路口的西北角到千本路东侧的建筑，就是大极殿，交叉点西北方向的人行横道上立有大极殿遗址的说明板，人行横道上立着大极殿遗址的金属板。交叉点东南角的人行横道上也设有八省院遗迹的说明板，对其历史意义进行了说明。虽然对大极殿院遗址的发掘调查也不时地进行，但因为这里交通繁忙，所以大多是些小规模的挖掘，而且遗构的残存情况也不是很乐观。即便如此，作为调查的结果，构成大极殿院的建筑遗构也逐渐被挖掘了出来。

大极殿是正面十一开间，侧面四开间的歇山式屋顶建筑，屋顶的正脊两段镶有鸱尾，类似于现在的兽头瓦（图1-7）。天禄元年（970年）成书的《口游》，是一部为年轻人所著的学习用书，上面记载道，大极殿是仅次于出云大社本殿、东大寺

图1-7　第1次大极殿复原图（原图：高桥康夫，藤井康宏）

大佛殿的大型建筑。平安神宫位于东山冈崎站附近，是京都观光的重要景点，为了迎接1895年（明治二十八年）的平安京迁都一千一百年纪念祭建造而成（参照见P224图片），正殿的前殿外拜殿仿造大极殿，缩小比例（长宽比约为5：8）复原而成。平安神宫的神殿参考了后白河法皇所制作的《年中行事绘卷》，是一层结构建筑。这与平安后期第三代大极殿的模样相同，在之后的研究中发现，建造当初的大极殿是二层建筑。这让人联想到平城迁都一千三百年祭时，在奈良平城宫内复原的第一代大极殿的雄姿。此外，平安神宫的神殿中铺的全都是绿釉瓦，而平安时代的大极殿在弘仁六年（815年）翻修时，只有房檐附近和屋脊部分是用绿釉瓦镶的边。

现在平安迁都的确切时间被认定为延历十三年（794年）十月二十二日。考生们用“黄莺鸣[1]，平安京”这样的双关语来记忆，就是来源于此。这一天，桓武天皇乘坐的车辇抵达新都，并颁布了《迁都诏书》。这时从长冈京搬迁过来的内里已

1　原文是「鳴くよ（七九四）**ウグイス**平安京」，其中「鳴くよ」和「七九四」的发音相近，而且「よ」与「京」的韵脚相同。

经竣工。桓武天皇在当年十一月将山背国改称为山城国，因百姓们众口相赞，因此将新都命名为“平安京”。

延历十四年正月十六日，皇宫中举行了宴会，演奏踏歌（将京中擅长歌舞的人召入宫中，把年头祝词作成曲子以舞蹈的形式表现出来）来称赞平安新都。在吟诵汉诗赞歌的间隙中，穿插着群臣们“新京乐，平安乐土，万年春”、“新年乐，平安乐土，万年春”的热情应和（《类聚国史》）。简单地说，即祈盼新都平安京能成为安乐的都城，永远像春天一样和煦的意思。顺便一提，明治时期举办的迁都一千一百年纪念祭典，即1895年（明治二十八年）是迁都第1 100年。桓武天皇于延历十五年（796年）的元旦，端坐于大极殿中央的高御座上，首次接受了群臣朝贺。以此为开端，在大极殿首次受到朝贺的那一年的元旦被视为平安京的开始。

汤本文彦与《平安通志》

沿着千本路丸太町上行路的西侧向深处走，就可以看到内野儿童公园。在公园的一角立着一块石碑，上面刻着“大极殿遗址”的字样。为了纪念迁都一千一百年祭，京都市参事会建造了这座石碑，石碑带着大气的底座，非常有气势。

民间历史学家汤本文彦推断此处为大极殿的遗址。汤本文彦曾在京都府就职，提议并主编了《平安通志》。《平安通志》共二十册，主要记载了平安京、桓武天皇的功绩以及京都的沿革和历史，并于1895年通过京都市参事会出版。汤本学识丰富，以及对江户后期以来京都研究成果的积累，加之田中勘兵卫（号教忠）、碓井小三郎等民间学者的协助，使得这套书在短短两年间便得以问世。田中教忠作为古文书、古典书籍的收藏家、考据学家而被世人所知，平安神宫的建造也是基于他的提案而来。碓井小三郎致力于京都名胜古迹、传说等方面的研究和保护，他花了二十年的时间，著成了名为《京都坊目志》的京都地志，以精通故实[1]而闻名。

汤本推定的遗址，在现在推断出的地点的西北方向约50米处，有一定的偏差，但是修建平安京时所用的尺子大小不明，建造方位不明，京都的考古挖掘上也有局限性，考虑到以上因素，有些偏差也在所难免。

此外，在少量的古辞典中，记载了一些平安京大内里的图，图中显示八省院、左右两侧的中务省及丰乐院的北端，都位于中御门大路的延长线之上。但是，在1984年、1985年进行的发掘调查中，发现了大极殿院北侧回廊地基的南北边缘，比起其他建筑八省院要向北突出70米左右（参考图1-3）。这个考古学上的成果有力地改写了自江户时代以来的一般说法。

丰乐殿与造酒司遗址

从千本路与丸太町路的交叉点向西走300米左右，就到达与七本松路的交叉点，距离这里东南方向100米的地方就是丰乐殿、清暑堂和丰乐殿北回廊的遗址。丰乐院在八省院的西侧与其相邻，在季节变换时举行的节日（元旦、白马[2]、端午等）等重要仪式上，天皇会召集群臣，在此召开宴会。丰乐院的内部构造和八省院大体一致。北部中央是正殿丰乐殿，为

1　故实，仪式、法制、礼法、服饰等旧的规定或习惯。

2　白马节宴，在日本的上代、中古时，朝廷每年例行的活动之一。1月7日天皇在紫宸殿观赏从左右马寮牵来的21匹“白马”，然后举行宴会。此活动源于中国的一种迷信说法，认为如果在这一天看到“白马”，就可以驱除一年的邪气。

天皇驾临时所用，北侧设有清暑堂，朝庭的东西两侧分布着四个朝堂，是大臣们就坐的地方，南面开门，与回廊相连。再向南，东西两侧建有两堂，与朝集殿相近，南面的围墙处又开一门。为了使天皇与大臣共同饮食，融为一体，坐法上并没有采取天皇大臣相对而坐的方式，而是采用了各个殿堂都面向朝庭，围成圈的方法而坐（参照图1–4）。

清暑堂是在丰乐殿召开宴会时天皇的休息场所，天皇穿过北侧游廊，通往丰乐殿。1987年发现了丰乐殿西北部的地基，正面九开间，侧面四开间，是一座东西朝向的建筑。在2007年的发掘中找到了清暑堂南端和西端的地基，并检测出北侧的回廊，约有30米。以上建筑都已经完成了史迹鉴定，用围栏保护了起来。沿着七本松路向西约行80米，就可以在丸太町路北侧看到京都市生涯学习综合中心。这里便是造酒司的遗址。造酒司是宫内省管辖下的一个机构，主要是酿造天皇、皇后所需用酒，以及朝廷的诸多节日宴会、祭神仪式等所需要的酒醋、醪糟等。1978年在综合中心建造的同时，进行了事前发掘调查，发现了平安前期的高柱承台式建筑的遗迹。该建筑为无础埋柱式结构，东西宽约6米，南北长约7.2米，在京都生涯学习综合中心的正门前有16个柱穴的遗迹。

京都综合中心里面，有一处名为平安京创生馆的历史展区，其中最为推荐的便是平安京复原模型。作为平安建都一千二百年纪念祭的一个环节，该模型经过考古学、历史学、地理学、建筑学的研究人员共同商讨，花费了两年零五个月汇集所有研究成果建造而成。模型的比例尺为千分之一，包含了自鸭川以东的周边地区，是一座南北长7.8米，东西宽6.6米的大模型。毫无疑问，这是日本最大的历史城市复原模型。

无论是初学者还是专家，如果想要探访平安京的话，这里便是首先推荐给大家的好去处。

漫步内里遗址

接下来让我们向内里出发吧（图1–8）。内里位于大内里北侧的正中心，有内、大内、御所、皇宫、禁里、禁中等诸多俗称。7世纪乙巳之变（大化改新）时建造了前期难波宫（长柄丰碕宫），当时它的内里和大极殿院还未分化，随着时代的迁移，两者空间上逐渐分离，等到长冈宫第二代内里修建好的时候两者就已经完全分化了。世界上无论是哪个王权，随着国

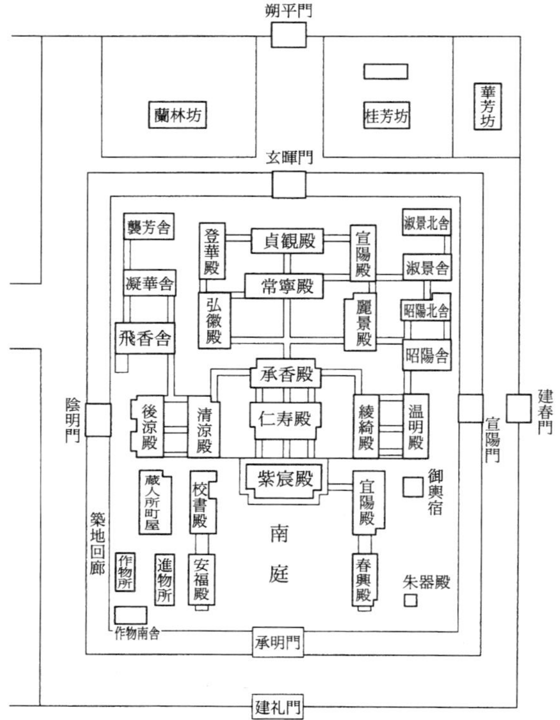

图1–8　**内里略图**　（原图：寺升初代）

家机构的逐步完善，君王的私生活用的内廷和办公用的外廷部会逐渐分离，日本也不例外，内廷和外廷的区别在建筑分布上就可以清楚看到。

让我们再回到千本路和丸太町路的交叉点，沿着千本路西侧人行道向北前行。京都的西北部与北侧的山脉相连，海拔最高。紧随其后的是东北部，从比睿山的山脚开始连绵不绝，面向西南地势逐渐降低。因此以前平安京南北两端高低差十分明显，东寺的五重塔约有55米高，却和大内里北方的千本今出川位于同一海拔。特别是在大极殿附近，能明显地感觉到地面倾斜，有种攀爬的感觉。

沿着右侧边看边走，就会注意到与车道的分界线缘石上刻有大极殿遗址、小安殿遗址、昭庆门遗址的字样。昭庆门是八省院北侧的门。向北继续走约200米，就会与下立卖路相交。从此处向东走90米左右，在下立卖路的南侧有一片历史遗迹保护区，被围栏围了起来，里面设有说明板。这里是内里内郭回廊的遗址，在开发下水道工程时被发现，1962年之后曾进行过多次挖掘。

平安时代的内里，被外郭和内郭围墙包围起来，是一座双重构造的建筑。外郭南面除了建礼门以外，还有六扇宫门，内郭除了正面的承明门之外，还设有十二道大门（图1-8中省略了多处宫门）。挖掘出来的遗迹是用凝灰岩砌成的回廊地基（宽约10.5米），以及用川原石铺满的排水沟，已经确定其南北长约27米，连续不断（图1-9），是内里特有的围墙回廊西南部的地基，与平城宫、长冈宫的规模相同。

围墙回廊，即在夯土墙上搭有大屋顶，两侧立起柱子来支撑屋顶，屋顶下方铺路这样的设施，如此一来即便是在下雨

图1-9　内里内郭回廊遗迹　右边是地基石头，左边是延伸的排水沟（提供：京都市埋藏文化遗产研究所）

天，卫兵也可以巡查围墙的内外。通过围墙回廊遗迹的发现，可以确定此处便是内里。这处遗迹与八省院、丰乐院的遗迹一样，是大内里研究方面的重要基准。

内里这个地方

再向东走约100米，在下立卖路北侧有一家正在营业的酒店，在酒店的墙壁上挂着内里紫宸殿遗址的说明板。确切地说，紫宸殿的遗址是在酒店深处曲折成90°角的甬路处。在下立卖路南侧约30米处，发现了承明门的散水沟，以及延久三年（1071年）重修内里之际举办破土仪式时的遗构。此处便是内里的中轴线。

内里内郭南北约长215米，东西约170米，大致划分为两部分——南半部分是天皇的住所，北半部分是皇后和后宫的住所（参照图1-8）。南部中央是天皇办公的场所，正殿紫宸殿就建立于此。前面是中庭（南庭），左右各有两个宫殿，加上紫宸殿一共为五个宫殿，构成一个“コ”字的形状。

北面是天皇的私人空间，以天皇日常居住的仁寿殿为中心，主要由东侧的绫绮殿及其侧殿、西侧的清凉殿及其侧殿、仁寿殿的后殿承香殿组成。中央最里侧（最北边）是皇后的活动空间。常宁殿是公私两用的场所，以常宁殿为中心，北侧由弘徽殿等六个宫殿组成。仔细观察就会发现，无论是天皇的私人空间还是皇后的活动空间，虽然都没有南面天皇的办公区域明亮，但都是呈向南开口的“コ”字形状。皇后所居住的空间两侧，即内里的东北角和西北角是后宫皇后以外的嫔妃居住的地方，换言之是天皇的妾居住的地方，由五个殿舍组成。在内里南面的东西两侧，有御舆宿[1]和藏人所[2]等维持内里运作的设施。

在这附近，以下立卖路、净福寺路、出水路、土屋町路所环绕的区域为中心，在民宅前、墙壁或者窗框上，设有许多关于内里宫殿、门的位置的石碑和说明板。说明板一共有14处，所有的说明板都统一命名为“源氏物语因缘地”。也许是因为这个原因，后宫的宫殿说明板很多，十分惹人注目。现在看起来非常普通的民宅、商店，在过去曾是天皇、皇后的住所，这种反差让我们真实地感受到了漫长时光的流逝。

1　御舆宿，停放神轿的地方。或在祭祀时，神轿启行后暂时安放的地方。

2　藏人所，810年嵯峨天皇设置的执掌令外官司的藏人事务官署。

平安前期的街道

关于大内里暂且先讲这么多，接下来我们将去平安前期的街道处一探究竟。坊由大路和大路包围而成，其中又分为十六个町，构成了平安京的基础行政单位。左京和右京的坊中，面向朱雀大街一侧的第一列由北向南依次命名为一町到四町。第二列由南向北折返回来，为五町到八町，第三列和第四列同理，在南北两端折返，左京以东北角的十六町，右京以西北角的十六町截止（参照图1-10）。

各町纵（行）四列，横（门）八行划分为32个区间（也叫户主）。因此被称为四行八门制，市内的平民们每户会分到一块户主，当作房屋用地。每一块户主南北宽15米，东西长30米，面积为450平方米。一户平民的家庭平均六人以上，虽然所拥有的住房面积令现在的工薪族羡慕，但是建筑占地面积系数只有百分之十五到百分之二十左右，其他地

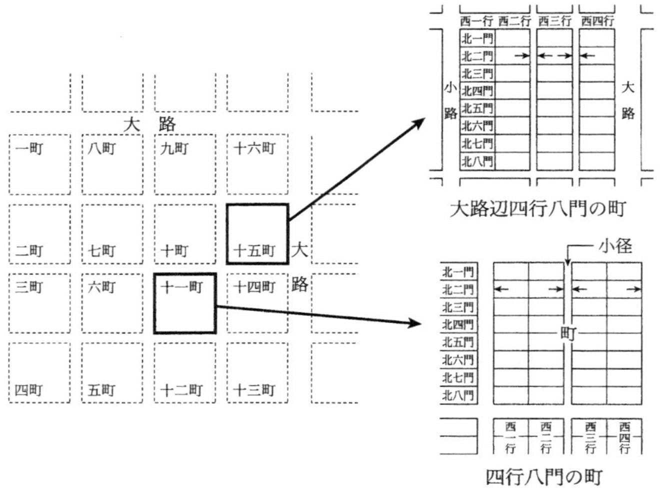

图1-10　四行八门的住宅分割图　上图显示的是左京的町。右京的町行的顺序与此相反，由东到西分别为东一行、东二行……

方都用作了田地等。再加之平安京内到处都是空地，因此，与其说平安京是安闲宁静，不如说是闲散冷清。平安京内各町的四周都被围墙和水沟环绕，是围墙连片的寂寞街道。各个户主被划分后，只能在东西方向开设出口（参照图1-10中的箭头），不能在大路上设门，因此大路一侧的町只能通过南北走向的两条小街，其他町则通过一条小路或者小街进出。

正如我们现在所使用的土地编号一样，每个户主都有一个代表其位置的名称，例如左京六条二坊二保三町里，从西边数第二列最南端的户主，就被称为平安京左京六条二坊二保三町西二行北八门。这个时候的平民并不是随着都城的发展自然而然地聚集到平安京的。为了使担任律令国家官员的贵族以及官人的随从、中央各机构和平安京自身发挥功能，普通百姓作为不可缺少的一员，被赋予了免除徭役（让人民服劳役）的特权，得以从其他地方迁移过来。

即便各个町相同，也有一处叫做诸司厨町的地方。诸司厨町在长冈京时期就已经存在，平城京末年的时候也确认还存在。诸司厨町是宫外各官厅的宿舍，换言之即公务员宿舍所在的町的总称。各个官厅中非固定班职员、各国征调来的服役百姓都是轮流工作、值班的，不当班的时候就在此处生活。因此也叫厨町（厨是厨房的意思），因为每个官厅都设有一处，所以学术用语为“官衙町”（官衙是机关的意思）。具体来说，主要是负责宫廷和朝廷中相关的手工业生产、警戒、搬运，不包括特殊内容的官厅的相关杂活等等。在平安京中主要分布在左京的大炊御门大路以北的地方。

町的挖掘

虽说是探访平安前期的街道，但与官厅或者内里相比，町的遗构更加难发现。我们的目的地是京都市南部，位于下京区的七条小学。如果用条坊制的表述方法来看，七条小学位于平安京右京八条二坊二町的一角（图1-1、图1-11）。这处遗址是1993年在小学打算修游泳池的地方发现的。该遗址与外町南侧相接，外町包围着官办集市西市，挖掘检测出了贯穿西市中央的南北走向的西靫负小路和面向小路的建筑物。虽然如此，但遗憾的是，在小学泳池竣工后，那里再也找不到暗藏的遗迹了。

正如前文所述，平安京向西倾斜。条坊的西南角，有一条桂川，流经京都盆地西部，所以基本上右京三条以南的区域都是桂川的洪积平原，七条小学的遗址在建造平安京之前也是一片草木繁茂的沼泽。利用这里土地低洼而潮湿的特点，修建了一条南北方向的运河，用它来运送建都所需的物资。但是有一条通往西市的主要街道必须修建，如果在建都的初期就被埋没了的话，运河将无法维持，所以在运河上方进行了铺设西靫负小路的土木工程。从水运转换成了陆运。

通过调查，检测出了长达34米的街道用地以及东西两侧的侧沟。街道用地用沙砾和小石子铺设而成，干燥的时候十分坚固。货车行驶后留下的多条纵横交错的痕迹，也清楚地残留下来。虽然在《延喜式》中规定，小路的宽度约为12米，侧沟宽约为90厘米，但检测出来的两侧沟宽接近所规定的3倍。侧沟的两端处分别设有四处护岸设施，大抵是用来铺设桥梁的吧。

在二町西侧，有划分东西方向区域的积土堆。四行八门

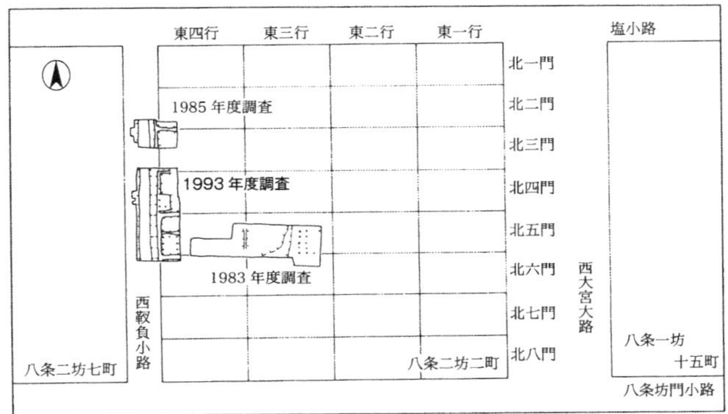

右京八条二坊二町遗迹

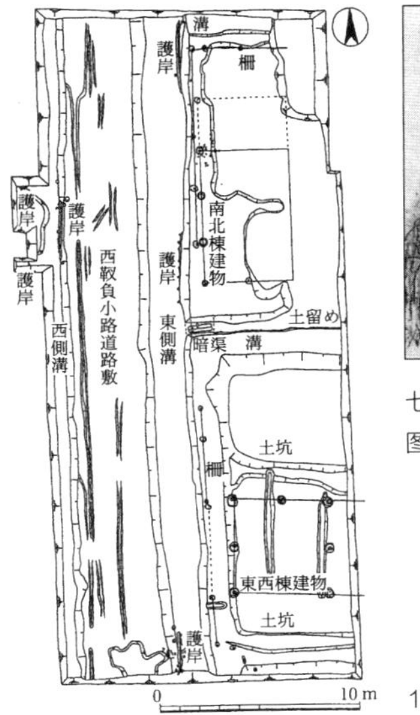

七条小学遗迹复原图 由北向南视角（构图：杉山信三/插图：出水美由纪）

1993年调查区域平面模式图

图1-11 平安京右京八条二坊二町遗迹与遗迹复原图

（提供：京都市埋藏文化遗产研究所）

制划分出了各个门，积土堆划分了各门所在的区域，可看出东四行西半侧的北四门、北五门以及北三门、北六门的一部分。辻祐司负责此处的开发发掘项目，他对平安前期在这里生活的一家人做了这样的想象。

一家人虽然领到了北四门的地，但这块地如果用来盖房子的话要比住宅标准地势低30多厘米。所以这家人在面向小路的地方，把要建房子的地方用土垫高，为了排出屋内滞留的水，对着西靫负小路东侧沟修建了排水用的暗沟。同时，为了保护自家地皮和家人不受外部的水和疫病的侵害，这家人在邻地和与周围相连的用地的西南角埋下了数枚斋串（用麻、棉花等制成的神木或薄木片，供奉神灵用），用板子覆盖住。用地周围设有栅栏，还搭了通往小路的桥，一家人终于开始了在平安新京的生活。

在稍后的时期，一家人的邻居搬到了北五门。北五门一直是一片空地，后来不知什么时候变成了扔垃圾的废弃场所，垃圾里混杂着低温陶器和木制品，甚至还有背面用墨写着“延历二十四年（805年）五月十九日 秋穗记”字样的标签木简。侧沟里也埋着一些木制品和陶器。一些在现在看来会被当作大件垃圾的木头碎片，也无所谓地扔在这里。小路的下面，过去是运河的地方也到处扔着牛和马的骨头。

平安京是未建完的都城

关于大内里和平安京就简单地介绍到此。这里要强调一点，平安京虽然在构图上看是日本都城的完成样式，但是平安京在建造完成之前工程就被终止了。无论是794年桓武天皇发布迁都诏书的时候，还是796年桓武天皇第一次在大极殿接受朝贺的时候，都是建都刚开始不久的初始时期。延历十五年（796年）六月，工程开始由皇宫向平安京区域扩大，以此为契机，造宫使升级成为造宫职，充实和完善了这个机构。第一代的长官是和气清麻吕。

此后建都一事被积极推进，延历十六年三月，强制征用了远江、骏河等国的国民20 040人，充当建都劳力。随后延历十九年十月，征调了山城、大和等国的10 000民众来修建堤坝，防止葛野川（桂川）洪水泛滥，冲击平安京。过度繁重的劳动由犯人来担任。堀川宽约12米，是集散左右京物资的重要水路，《日本后记》中记载，延历十八年六月二十三日（以现在格列高利历计算的话是8月3日），桓武天皇巡视平安京的建造进程时，看到在炎炎烈日下身负刑具的犯人们开凿堀川的情景，怜悯他们所承受的苦痛，颁布了恩赦诏书。大内里中丰乐殿的竣工，至少是延历十九年之后的事了。东寺和西寺则是在延历十五年两寺同时开工。

长冈、平安连续两次迁都，本身就是极其劳民伤财的事情，律令国家从奈良末期开始，就一直与虾夷人（古代居住在日本东北地区的民族，不服从中央政府的统治，律令国家称其为虾夷人）长期作战，后世将其称为“三十八年战争”。延历十三年九月二十八日，天皇已向各国诸神供奉了祭品，这是为了“迁入新都，讨伐虾夷”（《日本后纪》逸文），在迁都的同时，也祈祷与虾夷人战争的胜利，可以说“建都和征讨”是桓武王朝的两大主题。在延历十六年六月二十八日发布的诏书中，全免或半免了参与平安京建都的各国的田地赋税，这也是因为再也无法忽视“百姓甚劳苦”的情况了吧（出处同上）。

桓武天皇的决定

延历二十四年（805年）十二月七日，桓武天皇为了减轻疲惫的百姓的负担，决定削减佣人、护卫（两者都是来京都在朝廷中担任杂役、皇宫内警卫的人）的人数，免除伊贺、伊势等21个国家的庸税。同时，在天皇的御前，参议兼右卫士督藤原绪嗣和参议左大弁菅野真道展开了关于“天下德政”的论战。藤原绪嗣认为，“现今（现在）天下所受之苦，皆由战事及大兴土木而起，如若停止两事，百姓便可安居乐业”，对此菅野真道持反对意见。菅野真道在造宫使时代担任长官，后由于造宫使改组成造宫职，而变成了造宫亮（副官），虽然在职位上等级下降了，但在推进建都一事中仍担任着实际负责人。但是桓武天皇认为“绪嗣的观点更善”（《日本后记》）。

桓武天皇虽然可能是被绪嗣说服，暂停了两项事宜，无论如何，桓武天皇公开承认了自身所追求的政策的失败。由此，对国家和百姓来说是很大负担的征讨虾夷和建平安京得以终止，十日便废除了造宫职这一职位。总之，这位拉上了其政治帷幕的天皇，之后在延历二十五年（806年）正月病倒在床榻，三月十七日结束了他七十年的人生。

因此，虽说是平安京，但左京的东南部、右京的西北部和西南部完全没有被市区化，甚至这些地方的道路设计都还没有完成，建都一事便被停止了。只有右京的三条以北木辻大路东侧的地区、四条以南的马代小路以及道祖大路东侧的部分被修建成了市区。换言之，只有右京四分之一左右的地区实施了条坊制，其余地区甚至没有按照条坊制规划（参照图1–1）。这就是平安京迁都的真实情况。

第二章 『花之都』的光与影

弘仁元年（810年），嵯峨天皇（809—823年在位）宣布平安宫是先帝桓武天皇所定下的“万代之宫”。此后三十年间，嵯峨天皇作为天皇和上皇君临天下，脱离了律令国家，开启了通往平安王朝的道路。

嵯峨天皇在诗赋、书法、音律等方面都有相当的造诣，书法尤负盛名。

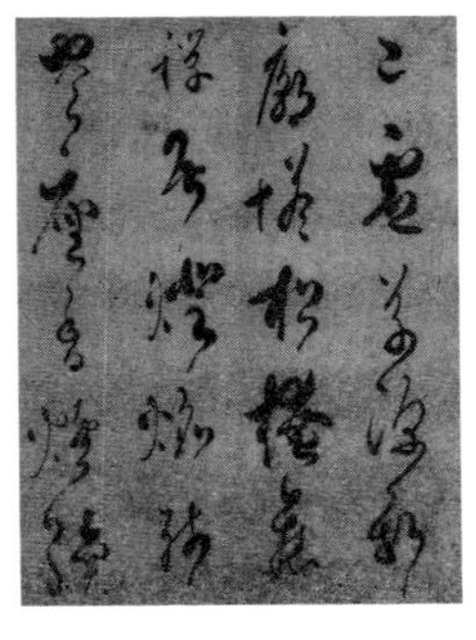

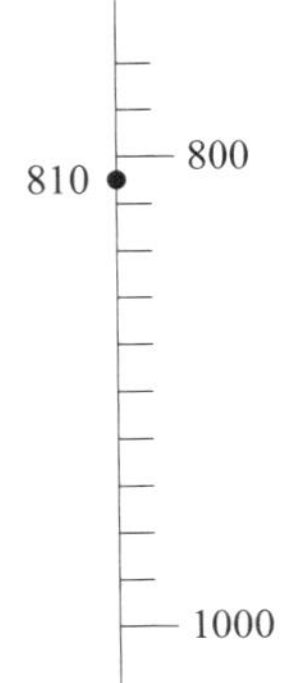

通往摄关政治的路

桓武天皇死后即位的是平城天皇，他实施了一系列政策，如废除或合并有名无实的官厅和官职，在工作量大的官厅中增加书记官，改善中级和下级官人的待遇，派遣观察官到全国各地监督地方行政等。但是在他让位给他的弟弟嵯峨天皇，成为上皇（天皇让位后的尊称）后，他立刻带领一部分公卿和多位官员搬迁到了平城宫。因此出现了“两个朝廷”并立的局面。弘仁元年（810年），上皇谋划再次即位，下达了迁都奈良的命令。天皇一派的部门和官员分成两部分，决心要解决这种人心骚动的局面，召回了奈良的公卿和官人，并拦截了见形势不利便想要逃跑东国的上皇一行人的去路。平城天皇垂头丧气地回到了奈良，并出家退出了政治舞台。嵯峨天皇渡过了危机，宣布平安宫是先帝桓武天皇所定下的“万代之宫”（《日本后纪》）。此后三十年间，嵯峨天皇作为天皇和上皇君临天下，脱离了律令国家，开启了通往平安王朝的道路。由此可见，平安京并非在最初就被定位为千年之都，反而有可能随着时代变迁而成为短命的都城。

在复位事件闹得最盛的时候，嵯峨天皇设立了藏人所。这个机构能在非常时期迅速传达天皇旨意、保护机密，把大内里内外的警卫分配直接放在天皇的指挥之下，行使着多种职能。随后不久设置了检非违使一职，作为天皇之下的直属官厅，掌管京都的警察、审判。同时依次吸收了其他多个官厅的职能，甚至将这些官厅纳入管辖扩大机构规模，在贵族政权中发挥着重要的作用。

嵯峨王朝开始了格式（格指的是对律令的部分修正和追加，式指的是律令的实施细则）和仪式书的编纂工作，这借鉴了由中国而来的律令和仪式的相关制度，并结合日本本土情况进行尝试，不久之后从格式中酝酿出了王朝的公家法，在平安后期得以运用，而仪式书则将掌故学（指的是朝廷的仪式、礼法、官职、法令等其中自古以来的规定，精通这些规定的人则被称为有职）的世界传承了下来。今天有很多人并不认可仪式，将其理解为只注重形式的虚礼，但是其实仪式以肉眼可见的形式表现了当时贵族社会的价值理念和秩序，有着促进贵族社会发展，使其重生的政治作用。平安时期政治并没有被仪式化，这是因为仪式本身就是政治。

藤原冬嗣是嵯峨天皇的心腹，活跃在政治舞台，他确立了北家藤原氏在政治上的重要地位，他的儿子良房排挤朝廷中的异姓，成功地把冬嗣的外孙文德天皇推上了皇位。此外，良房还将自己的女儿与文德天皇生的婴儿惟仁亲王推为皇太子，并使其即位（清和天皇）。良房作为一个大臣，被任命为第一届太政大臣，并在贞观八年（866年）借应天门之变的契机总揽政务，实际上这便是后世所说的摄政（代替天皇处理政务的要职），由此拉开了摄关政治的帷幕。

从10世纪的后半期到11世纪为止，道长在家族的政治争斗中取得了最后的胜利，此后他的儿子赖通作为天皇的外戚，担任了摄政、关白（辅佐天皇掌管政务的要职）以及内览（准关白）的要职，控制了当时的政治。他们的权势要远远凌驾于其他贵族，王权的后盾，指的就是天皇以及皇室子女都是由自家所出，可以说是属于“王家”的一种。

年中仪式与小朝拜

平安时代，在朝廷中举办的政务或仪式被称为公事。到了平安中期，虽然公事的仪式变多了，但是国家级别的仪式却没有以前那么频繁，反而是在宫廷中举办的年中仪式变得多了起来。举行仪式的地点也从八省院和丰乐院，更多地转移到了内里的紫宸殿或是清凉殿。在那个时代，政务、宴会、佛教、神道、修法、咒禁（念咒免灾）、季节相关的多个庆典都成为一年当中的传统节日，在宫中，从新年第一天的四方拜到除夕夜的追傩[1]，一年之中节日连续不断，其数可达200个左右。

正如第一章所述，朝贺是天皇在正月第一天，驾临大极殿接受百官朝拜的重要的仪式，该仪式学自中国唐朝。朝贺当天，诸国为了呼应皇都，即便是在各国的国厅，国司也会率领下属和郡司，朝着都城中大极殿正殿的方向进行朝拜。这个年初全国范围内举行的仪式，含有重新确认并更新天皇与大臣之间的君臣关系，以及君臣之间的排位的政治意图。

但是到了平安时代，开始在清凉殿举行小朝拜。小朝拜与朝贺不同，是非常简单的内部礼仪，亲王之下六位以上的官员中，允许上殿的大臣在朝贺之后到清凉殿的东庭去叩拜天皇。上殿指的是登上清凉殿南面的殿上厅堂，是天皇亲信的证明。小朝拜从9世纪中期文德、清和天皇时期开始举行，但到了9世纪末醍醐天皇即位，他认为“王者无私”，因此废除了这一仪式（《西宫记》）。但是在延喜十九年（919年）的元旦，右大臣藤原忠平认为，如果身为天皇血亲的亲王要朝拜天皇的话，那么对于就像是天皇的子嗣的大臣来说，朝拜天皇也符合礼法，因此恢复了小朝拜的仪式。自此之后渐渐地废除了朝贺，10世纪末到11世纪初一条天皇当政之后，就只剩下小

1 追傩，一种驱逐恶鬼、疫病的仪式，平安时代，除夕时在宫中大规模举行，后来在各地神社和寺院也盛行起来。

朝拜还在举行。除此之外，至今为止在丰乐院举办的白马节会、踏歌、丰明节会，以及在武德殿或八省院举行的相扑节会、神泉苑的重阳宴会等都开始转移到了紫宸殿，这种情况在清和天皇时期成为一种常态。

外记政与阵定

平安时代初期，天皇在内里中的紫宸殿处理政务，但是不久到了9世纪中叶之后，天皇就不再每天处理政务了。年幼天皇执政也证明了这一点，这意味着已经建立了相应的体制、机构，即使天皇不直接参与处理国家政务，也不会带来影响。在这种情况下，实际上的政务，都是只由太政官的官员（公卿）来处理，各个官厅的官人听审判决上报案件的场所，也转移到了八省院外的太政官的曹司（太政官厅）。到了9世纪后半期，在内里建春门的旁边修建了太政官厅的办事处（外记厅）（参照图1-3、8），大臣[1]以下的公卿聚集在此，听取从太政官处理实务的官员那里简略上报来的行政事项，并作出判决（外记政）。

除了以上这种实务处理方式之外，还有一种政治决策的方式，即让公卿们聚集起来，通过共同讨论来解决天皇下派的国政案件。其中，在摄关时期经常被使用的方式就是阵定，左右近卫担任内里中的警卫工作，评议在左右近卫的阵（值班室）中进行。案件并不是在该处进行表决，而是把各位公卿的见解一并记载下来，将其交付给藏人头（藏人所的长官）上奏天皇，等待天皇或者摄政、关白的最终判决。阵定归

1 大臣，太政官的上官，如太政大臣、左右大臣、内大臣的称呼。

根结底只限于审议的范围内，大部分情况下会采用多数人的意见。

紫宸殿前的广场被称作南庭，里面种着一些柑橘和樱花。“左近之樱”[1]原来本是梅花，但在天德四年（960年）的时候，内里第一次失火，里面的梅花全被烧毁，后来便种上了樱花取而代之。梅花树作为一种可入药的树与中国文化一同传入日本。山樱是日本自古以来便有的樱花，同时长叶开花，用山樱来代替梅花，体现了日本美意识的萌芽，换言之，这也国风文化（和风贵族文化）兴起的前兆。

清凉殿与后宫

天皇的日常起居虽然是在仁寿殿，但不久就开始在清凉殿生活，到了9世纪末期便定居在了清凉殿。天皇在清凉殿处理政务，例如授予官人职位（授予位阶），举行任命中央或地方官人的仪式（除目[2]）等，或者举办一些类似于四方拜、小朝拜等的仪式活动。

后宫众多宫殿中，弘徽殿因与清凉殿相连（图1–8中未画出）而得以重用。清凉殿的西北方向是飞香舍，因为在庭院里种着紫藤，所以飞香舍也被称为藤壶。藤原道长的女儿彰子是一条天皇的女御[3]，她曾经在这里居住过，所以被称为藤壶女御。《源氏物语》虽是一部虚构的小说，但在小说中光源氏与其父亲桐壶帝的皇后陷入苦恋，皇后的名字也叫藤壶。此外

1　左近之樱，紫宸殿正面台阶东侧栽种的樱树，因左近卫府的武官在此以南列队而得名。对应的是“右近之橘”。

2　除目，平安时代以后任命大臣以外官职的仪式，按定例每年春秋两次。

3　女御，在天皇寝所侍奉的女性，身份在皇后、中宫之下，更衣之上。

还有位于东北角的淑景舍，距离清凉殿最远，因为庭院中种着白桐，所以也叫做桐壶。紫式部在小说中把此处设定为光源氏母亲的住处，由此体现了光源氏母亲身份的低微。

在律令政治中，像是朝廷、朝堂院、朝政之类的名字中带有“朝”字的设施、节日比较多。这是因为天皇在清晨天还未亮时便开始处理政务，而政务又主要集中在祭祀方面。但是在《古今著闻集》中收录了这样一段故事：10世纪前半期村上天皇在位时，曾听他的大臣向他报告说，主殿寮需要大量的火把（即便很晚公事也要进行），大藏省正仓院内的率分所（也叫率分藏）中杂草丛生（即各国上供的贡品还没有被搬运到这里的意思），村上天皇听后感到十分惭愧。主殿寮是负责皇宫中灯火的配备供给以及清扫的部门。从这段逸文中可以看出，随着贵族政治的发展，夜间的公事也随之增加。

寝殿式建筑

8世纪的难波宫，对于何种官职、身份应分配到多大规模的用地都有规定。三位以上的官员可以分到一町四方（约14 400平方米）的地，五位以上半町，六位以下是四分之一町。在律令制中，虽然专职官人都有位阶，但是只有五位以上的官人才能算是贵族，其中三位以上的上流贵族被称为公卿。两者在权力、待遇方面有很大差异。而五位和六位之间更是犹如鸿沟，身份待遇上的差异有着严格的规定。

平安京也沿袭了难波宫中关于用地规模相关的规定。一般平民可分到三十二分之一町的面积，也就是一户主的用地。但是到了平安中后期，各国的官吏（特指国守）经营铺面房，对此出台了禁止令，禁止令中规定铺面房不得超过町的四分之一（《日本纪略》）。国守虽然由五位或是六位的官人担任，但是当时的贵族人数大幅度增加了。而与此相比国家的数目却没有增长，所以重要的藩国就由四位的官人担任国守，即便是普通一点的藩国如果位阶不到五位，也无法担任这个职位。因此即便是贵族，所拥有的用地面积也限制在与过去六位官员相当的水平。建筑样式也根据身份的不同有相关的规定，铺面房不得左右对称，不得设有中门，六位以下官人的住处也禁止建造“围墙（夯土墙）和扁柏树皮葺顶”（《中右记》、《日本纪略》）。

左右对称并设有中门，即寝殿式建筑，是平安时代上流贵族的住宅建筑样式。寝殿式建筑主要有以下几个特点：① 对屋与中门廊呈“コ”字形状，以正殿的寝殿为中心，包围着南庭。② 建筑物之间以回廊（被当作通道使用的细长建筑）、游廊（穿廊）相连。③ 中门廊作围墙包围着南庭，中门廊外侧还有一层夯土墙，即宅邸整体是双重结构，在中门廊和夯土墙上设有两道门，宅邸的东西两侧设有进出口。④ 寝殿的南面建有大型人工湖。⑤ 寝殿内部没有隔扇，空间非常宽广，可以根据用途的不同，适当地摆放屏风、御帘、幔帐等，以此来合理分配空间。

但是，实际上这样的住宅并不普遍。例如，1981年在北区的府立山城高中（右京一条三坊九町）处（参照图1-1），发现了平安初期的贵族住宅的遗迹。该处遗迹中，中央偏北的位置建有悬山式正殿，后殿和四栋侧殿呈“コ”字形状将其包围在中间。这与②中所提到的不同，建筑之间没有相连都是各自独立的。此外也没有④中所提到的人工湖。

图2-1　右京六条一坊五町，贵族宅邸遗留构筑物的复原模型　位于南侧中央位置的是正殿（藏于京都Research Park）

此外，在五条路和JR嵯峨野线的交点处，有一站叫做JR丹波口站，在JR丹波口站附近有一家京都Research Park股份有限公司。1987年到1988年间，在该处（右京六条一坊五町）（参照图1-1）发现了9世纪中期上层、中层贵族的住宅遗留构筑物（图2-1）。遗址位于五町的东部，占五町面积的三分之二，呈长方形，被围墙分为南北两部分，南部是主人用的前院（正式），北部是给仆人用的后院。前院不仅在南面没有人工湖，而且正殿的南面就是围墙，外面则是六条大路。与正殿以回廊相连的只有西侧殿（对殿），除此之外，东北、东南的侧殿与北侧的后殿也由回廊相连。而且对屋的分布也并非左右对称。

虽然前院的分布很拥挤，但后院的分布却很宽松。后院中央的空地开垦了田地，因此并非没有地方建造池塘或庭院。在Research Park公司东部的中庭处，设有一个“平安贵族的生活与文化展厅”，在那里可以看到一个缩小到四十分之一的模型和文物（需要预约），有兴趣的客人可以亲自去瞧一瞧。

内里的影响

有人认为，以上建筑都是平安前期的建筑，是过渡到平安中期成型的寝殿式建筑的中间阶段，随着时代的变迁，寝殿式建筑也会随之出现。事实真的如此吗？这里应该注意的是基本特征①中所提到的“コ”字形建筑分布。请大家回想一下第一章所提到过的内容，这种分布与古代仪式、处理政务的办公场所是一致的。寝殿式建筑的完成时期是在后院[1]和贵族宅邸被当作“里内里”（内里皇居）频繁使用的时期，关于这一点在后面会进行说明。因此也有学说认为内里与后院的样式对寝殿式建筑的完成也有很大影响。

在教科书等中经常可以见到东三条殿（位于左京三条三坊一町和二町的南北两个町）的模型照片，东三条殿确实符合①～④ 的特征（图2-2）。到了平安中期，即便是在藤原北家的宅邸中，东三条殿也是重中之重。11世纪后半期，东三条殿成为摄关家举办仪式的专用宅邸，只在大飨（在大臣住处历年或者临时举办的大宴席）等仪式的时候使用。寝殿式建筑中像⑤所提到的——寝殿或是对屋具有很大的空间——这本来就是为了大宴宾客举办仪式而准备的。因此，固定的隔墙或是设施都不符合要求。

图2-2　东三条殿复原模型（藏于京都府京都文化博物馆）

东三条殿是象征着藤原氏族长（氏族的首领，一般由氏族中官位最高的人来担任）地位的宅邸。如果寝殿式建筑真的存在的话，那它也不会是普通公卿的宅邸，而是像东三条殿一样，是具有特殊用途的数量极少的建筑。但是要证实这一问

1　离宫之一，天皇常住宫殿之外的预备宫殿，让位后的天皇多居住在此处。源自平安时代初期嵯峨天皇。

题，还需要通过发掘收集更多的实例证据。

后院与里内里

后院与内里（本宫）相对，是备用的别宫，但不久后就变成了天皇让位后居住的地方。冷泉院和朱雀院从平安初期之后，一直作为后院被历代天皇所使用，因此被称为历代后院。冷泉院有四个町的大小，它的南半部分位于现在二条城的东北部。第一次作为后院使用是在嵯峨天皇时代，弘仁七年（816年）秋，嵯峨天皇驾临冷泉院，召集众文人举办了诗宴。嵯峨天皇在让位后的十余年的时间里，都在此度过。很多天皇在位的时候或是退位后都居住在同一处宫殿。二条城中的发掘调查，也找到了11世纪前半期的人工湖的遗迹。

后院是天皇的隐居场所，而与此相对，在大内里外建造的皇宫叫做里内里。内里第一次被烧毁之后（960年），村上天皇搬迁到了冷泉院，但在贞元元年（976年）内里再次被烧毁，圆融天皇搬迁到了太政大臣藤原兼通的堀河院（位于左京三条二坊九、十町），并将此处作为皇宫居住了约一年。学界一般认为，天皇搬迁到堀河院是里内里出现的第一例。当贵族的住所被当作临时皇宫后，原来的家主会搬到别的地方住，不会出现和天皇同居的情况。

堀河院位于二条城朝东的地方。现在与二条城隔着堀川路，从北到南依次建有京都国际酒店、全日空酒店、堀川音乐高中（原城巽中学）（参照图1-5）。全日空酒店基本位于堀河院的正中央，虽然是平安后期的建筑，但在1984年酒店主楼的建筑工程事前调查（第一次调查）中，发现了园池的遗迹。园池中置有景石（在庭院中为了增添情趣而放置的石头），作为蕴藏着堀河院时代荣华的遗留构筑物而备受瞩目。现在只有园池东岸的瀑布口，被移到了酒店的停车场。此外，2007年进行了城巽中学旧址的挖掘工程（第二次调查），发现了两处12世纪初期之前留下的园池遗迹。

到了11世纪，即使内里重建修好后，天皇依旧倾向于居住在里内里。而且不论内里是否存在，这时开始出现了最初便以作为皇宫为目的的、建造成内里样式的建筑。随着里内里的常态化，内里的重建工事也放缓了脚步，永承三年（1084年）被烧毁的内里，重建花了二十多年，在后三条天皇时代的延久三年（1071年）才完成修建。

等到12世纪前期鸟羽天皇的时代，只有在举办最重要的仪式例如大尝会，或者在忌方向[1]的时候，天皇才会一时驾临内里，而平时处理公事都在里内里进行。里内里的使用之所以成为常态，是因为严肃且程序繁琐的政治管理随着时代的发展，得以简化变得方便，后宫也改变了性质，缩小了规模。平安内里规模宏大，其中有许多不必要的建筑，它的不便之处变得越发显眼，而与此相比，里内里以寝殿式建筑为基础，构造简洁，使用更加方便。

右京的衰落

说起研究10世纪后期平安京变化的史料，就不得不提到文人庆滋保胤所著的《池亭记》。书中提到，在这二十年间，西京（右京）人口流失，住房减少，几乎成了一片“幽静的废墟”。依据于此，有人提出了右京因低洼潮湿的原因很早便开始衰

1　忌方向，根据阴阳道之说而于平安时代以后盛行的风习。指外出之际，当目的地处于禁忌方位时，在前一夜去别的方位住宿，改变方位后再出发。

败，演变成了农村的看法。虽然整体上的确如此，但是《池亭记》中所记载的“幽静的废墟”云云，里面包含着一定的文学夸张成分。山田邦和是一位考古学家，在京都城市历史研究方面造诣颇深，他基于平安京整体区域的大规模勘探、现场调查的结果，作出了以下推断：平安中期，右京中中等规模以下的住宅分散在各处，依旧呈现都市风貌，右京的明显衰退是在平安后期之后，即便如此，在四条大路或七条大路等东西方向的主干道附近，依旧有商家聚集的地区出现，右京的西北方向部分地区遗留构筑物非常密集。

《池亭记》中还提到了另外一点，应和年间（961 ～ 964年）出现了一股新的建筑风潮。与右京相对，东京（左京）四条以北的地区“人无贵贱，多群集”、“高房（有权势的人家）门比门，小屋隔墙檐接檐”，十分显眼。贵族置办新的住宅，拓宽自家门户，兼并附近的小家小户，因此与那附近的居民产生了摩擦，发生了“多是小人上告”一类的事件。小家小户的所有者“小人”不只局限于一般平民，也包括住房和土地的正当所有者，以及在空地上建造房屋的实际占有、使用和收益的人。

贵族经常迁居，主人不归导致住宅荒废。纪贯之在成为国守后到土佐赴任，把他的家委托给邻居照看，可是回京之后却发现家里要比想象中的还要破败，因此甚是哀叹悲伤（《土佐日记》）。阳成院是阳成上皇的后院，占据了大炊御门南侧、西洞院西侧、二条北侧和油小路东侧的南北两个町。但是在上皇死后，阳成院从中央被冷泉小路贯穿，“北町”成了“共同住家”，“南町”虽然还留有小面积的人工湖，但那里也有“人”居住（《今昔物语集》）。在这片空地被第二次开发时，贵族便与该处的“小人”发生了纠纷。虽然平安京的住宅地私有权非常严格，但是其中在小型建筑的建设以及住宅转成耕地等方面，并未一并排除平民在其占有、使用和收益的权利。

平安京的郊外与墓地

随着右京的衰败，平安京的中心开始向东转移。这也产生了一定影响，例如里内里的使用成为常态，平安京的繁华地区多转移到了左京，内里偏离了平安京的中心。市区也延伸扩展到了北野和东河。北野指的是大内里北侧的田地，现在京都市上京区北区一带。而东河指的是鸭川，沿着鸭川向东扩展。元庆年间（877 ～ 885 年）太政大臣藤原基经在北野祭过雷神后，每年秋天都要在此举行祭典。很久以前右近卫跑马场也在这一带，供奉菅原道真的北野神社也建造在这里。

延历寺在比睿山上，稻荷大社在稻荷山上，以山城盆地的东部为界，在比睿山和稻荷山之间连绵不断的山峰便是东山。汉诗世界中，自平安时代起便有吟咏东山的诗出现，将其比作中国河南的嵩山，称之为“三十六峰”。东山位于平安京的东侧，因此俗称东山，广义上来说指的是鸭川的东侧。在建造平安京之前，这个地区的平民有把死者埋在自家附近的习惯。平安贵族则认为，在众多污秽中，人的死最为不洁，认为那是不净，如同受到诅咒一般，死亡带有极强的传染力，因此贵族们十分忌讳。对死亡的忌讳回避这种观点非常普遍，因此天皇的都城平安京以及都城附近都不允许死尸存在，所以埋葬死者的地区便有了一定限制。10 世纪中期之后，鸭河原以及东山南部的鸟部野（也作鸟边野）（以爱宕郡鸟部乡为中心的地区）成了埋葬地。《源氏物语》中也曾出现过一节，光源氏把他猝死的恋人夕颜的遗体移放到了“东山那边”的木板屋里。

随后西方的莲台野、化野也和鸟部野一样，成了平安京或者说京都居民的一般墓地。只不过虽说是坟墓，但送葬仪式结束后遗体便被抛弃，最终连遗体扔在哪里也不清楚。贵族参拜死去的人的遗骨、扫墓等习俗是在进入12世纪后才形成的。

侧沟的作用与打扫

说到城市环境卫生，重点要考虑这些问题，即人与动物的排泄物和垃圾该如何处理，超过自然净化能力或者个人无法处理的那部分垃圾在社会上该采取何种制度解决。有的环境居住人口密集，如果所有的垃圾都依靠自然净化能力或者居民个人的努力来解决的话，污秽和恶臭将难以避免。因此对平安京来说侧沟的清扫就变得尤为重要。平安京的街道两侧都挖有侧沟。这些侧沟有的是在建都时被修建的，有的原本是自然河川后被改建成侧沟的。平安京铺有专用的下水道系统，所以侧沟不仅是沟渠水或雨水等的排水通道，还是日常生活用水的排水通道。

在城市建设工程学中，城市设备是用来使人工创造的城市生活正常运转，使其便利快捷的基础环境设施。正如当时执政者所描述的那样，“加固京城，侧沟为其根本”（《类聚三代格》），侧沟是平安京中一个重要的城市设备。《延喜式》中对其规模进行了描述，全长共700千米，朱雀大街的侧沟宽1.5米，普通大路的侧沟宽1.2米，小路侧沟为90厘米。而与此相比，现在京都市有146万人口，它的下水道全长为4 155千米。

问题是当时的居民一直向侧沟里扔垃圾，不知反省。在挖掘奈良平城京的侧沟时就发现当时居民有乱扔垃圾的习惯，而在很久之后的江户时代，京都仍有人向河里、侧沟里丢

“垃圾”，这便是执政者烦恼的根源（《京都町触集成》）。乱扔垃圾容易堵塞侧沟，导致污水河的出现。为了维持其自身的净化能力，必须要打扫残留在水下的淤泥，进行侧沟疏浚，但是在当时的背景下难以想象执政者严格地执行了这一点。

厕所和便桶

齐衡二年（855年）从太政官下达的公文中可以看出，当时污水从侧沟中溢出，泥泞的道路使人们的生活充满不便，居住在侧沟附近的住户家中也因渗水受到损失。这都是乱扔垃圾导致的结果。此外，根据这封公文以及平城京的发掘调查可以推测出，街道两旁侧沟中的水先通过暗渠进入围墙内，在木制的排水沟中与住宅内的污水混合，再经另外的暗渠流出到围墙外的侧沟中。人们也在木制排水沟处方便，所以木制排水沟也是一种水洗厕所（图2-3）。

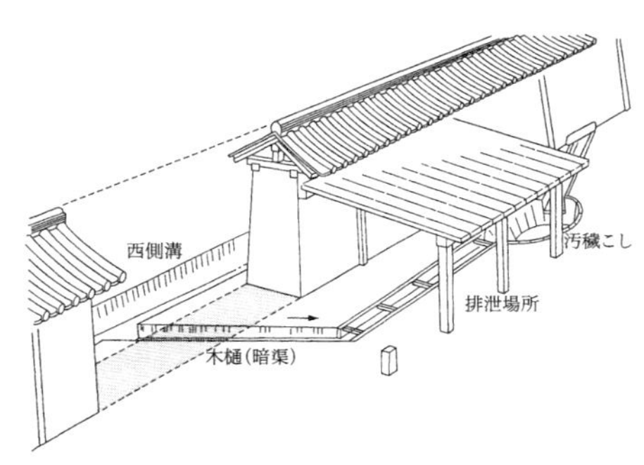

图2-3 平城京遗迹“水洗式”厕所模型图（原图：松井章）

平安京的侧沟也用来冲洗人们的排泄物。侧沟本身就容易堵塞形成污水河，再加之附近居民随地排放污水，这就是初期平安京的真实模样。一百多年前便有记载称藤原京“京城内外多污秽恶臭”（《续日本纪》），平安京同样也是一个充斥着恶臭的城市。

在围墙旁边的水洗厕所解手的是官厅或是贵族家的人。

但是上流贵族是不在这里方便的。他们的厕所被称作樋殿。贵族住宅中，用幔帐或屏风将对屋或游廊的一角隔开，在那里放置着樋箱，即便桶的箱子形状的便器。这里还准备着尿壶（小便器）等。主人方便后，就由专门清洗便器的下人搬出去，这类下人被称为御厕人，身份十分低贱。

虽然现在很难明确这之后便桶会如何处理，但推测可能是御厕人在贵族府邸中所规定的地方，把排泄物用水冲洗干净，或者围墙旁边的水洗厕所可能就是所规定的清洗场所。无论是哪个假设，清洗便器的污水最终都要流到围墙外的侧沟里。

街头排便习惯

贵族这样方便，那么贫穷的下人和普通市民是如何方便的呢？10世纪后期成书的《落洼物语》中描述了这样一个画面：在一个下雨的深夜，男主人公由小路来到大路，正巧遇到了外出贵族的行列队伍，有人呵斥他退下，男主人公蹲下的时候，蹲在了“粪便堆积甚多”的地方。由此可见，平安京的一部分街道上堆积着粪便。《今昔物语集》中也有相关记载，如“侍奉贵族的少女蹲在大路上拉屎”、“年轻的女子……对着围墙向南蹲下撒尿”等，可以看出，像前文中提到的清洗便器的一类的“下等”侍从，都是在府邸外面的路上排泄的。只有一定身份和资格的人才能在府邸内使用厕所。12世纪末成书的《饿鬼草纸》绘卷中，有一幅有名的街头排便图，排便的时候要穿高齿木屐，拭秽用的是纸或厕筹（片状的木条，也称厕简或搅屎棍）（图2-4）。此外在食粪饿鬼图中，墓地里散落的粪便到处都是，粪便旁边四处散落着纸或厕筹。有观点认为这是

图2-4 街头排便图 笔者基于《饿鬼草纸》所绘

公共厕所的一种形式,笔者深感赞同。

介绍这样的事实,大家可能会感到故意露出的恶趣味。但实际上不管是伦敦还是巴黎,在19世纪中后期,城市里人或动物的粪便随处可见,污水也遍地都是。神泉苑是天皇游玩的场所,自从空海在这里做法祈雨之后,便成了祈雨祈愿的场所。即便如此,神泉苑在平安中期“四面的围墙全部被毁坏,充斥着污秽”(《小右记》),到了镰仓初期更加清楚地记载到“死尸遍地,大粪污秽,不可一一计数”(《玉叶》)。实际上当时京都有许多野狗,粪便和尸体作为它们的食物来源非常丰富。

对于人口密集、人口流动频繁的大城市来说,这样的公共卫生意味着什么不言而喻。街头的尸体、粪便,已经不是可以用偶然死在路上,或者没有地方埋尸体,抑或迫于生理需求不得不排泄这样的理由可以解释得通的。街头便是抛尸处,是方便的场所,这是当时人们有意识地选择出的结果。街道,从世界史上来看也是扔垃圾的场所。达官贵族把混着屎尿的污水从侧沟排除,无非是不喜欢污秽留在自家宅院内。连主人的排泄物都是这般安排,那侍从在府邸外进行排泄也是理所当然的了。

平安中期以后,当举行例行或者临时的公共庆典、祓禊或是天皇外出时,检非违使会负责这些场所以及京都中小路的清扫工作。检非违使具有掌管京职和卫门府的职能，不仅担任京中的警察、法官，还会派清洁工（指卫士、侍从、保洁工等受到歧视的人）打扫卫生，防止贵族或庆典负责人接触到路边的尸体或排泄物而受到玷污，这是他们重要的职务。

鸭川的泛滥

在流经大城市的河流当中，鸭川水流湍急，甚是少见。且鸭川流域地势高，如果发源地北山城大幅度降雨，便会导致鸭川泛滥，时常水漫京都。天长元年（824年）之前，如果鸭川决堤的话，就会任命防鸭河使，命令畿内五国[1]修堤筑坝，但并没有什么效果。等到步入摄关期，随着鸭川堤以及河床的开发，堤坝变得越发脆弱，而且国家财政吃紧，堤坝并没有充分地修补加固，因此鸭川就变得更加容易泛滥了。

若是因为大雨而出现“京中沟渠皆肆溢”的情况的话，则会给侧沟中的污物、垃圾造成很大影响。如果雨断断续续下个不停，那么厕所、侧沟中的污物和垃圾就会溢出来。囚狱司（掌管罪犯囚禁、服役、行刑的官厅）便会率领犯人在雨后的早晨清扫宫中的污物和厕所。如果鸭川泛滥，导致“河水暴溢，损毁京中街道桥梁之物众多，庶民小舍损毁不可计数”（出处同上）的话，路边的污秽、排泄物就会随着水流一下子扩散到整个平安京中。

平安京的饮用水主要来源于井水，因此污水、污物流入京中就变得尤其危险。因为有许多水系传染病和寄生虫都是以水为媒介来传染人的。万寿三年（1026年）四月，平安京的井

---

1 畿内，日本古代律令国规定的行政区域，指山背（山城）、大和、河内、摄津四国，称为畿内四国。后又从河内分离出和泉，称为五畿内。

水中出现了一种形状如水蛭的小虫子，喝了含有这种寄生虫的水的人身上会起肿块。虽然民间有人说这种虫子来自北陆道，有人说是来自天上，但其实是因为井是浅井，里面的水被污染了而已(《左经记》)。不仅如此，京都地质贫瘠，多石头和沙砾，雨水、污水很容易渗透到地下。一年之中从梅雨季节开始一直到夏季的台风季，是河水和侧沟最容易泛滥的季节。扩散到京中的污物，正巧赶上夏天的暑气，两者相互作用很容易就会导致疫病的发生。在平安时代，京都曾先后于861年、915年、947年、1016年、1025年、1027年、1077年、1144年八次流行痢疾。这几次疫病因为规模较大所以记录在案，如果算上潜在的、小规模的流行病的话，数目一定不止如此。

除此之外，大城市的人口流动速度快，接触病人的几率高，所以天花、麻疹、流感等疾病频频发生。从995年到1027年间，以道长政权期为例，包括痢疾在内的四种疾病八年中共发生了十一次。可以说京都确实是每四年就要饱受疫病之苦。

水与御灵会

在平安京，特别是夏天的时候，为了预防疫病，防止疫病的蔓延，会举行各种各样的祭神仪式、祭礼和法会。御灵会便是其中之一。因担心意外死于疫病、天灾的人以及在政权争斗中落败愤慨而死的人的怨灵作祟，所以举办御灵会安抚并送走他们的灵魂。御灵会于贞观五年(863年)第一次在神泉苑举行，这便是公共祭奠的雏形。虽然有不少人质疑为什么祭奠场所会定在神泉苑，但从御灵会的目的来看——冲洗走疾病和灾难的根源——在神泉苑这样的水边进行才更加合适吧。

水过剩则涝，过少则旱，如果泛滥就会招致疫病流行。同时水也是万物生长不可或缺的要素，人们相信水有除去污秽的净化能力。水神不仅是祟神，同时也具有司国司命的双重特征。水边是垃圾、屎尿的丢弃排放的场所，同时也是举行祓禊、祭祀的场所。正因如此，水边才是一个污秽与圣洁共存的空间。

说起水边，就会想到正历五年（994年）六月二十七日，疫病流行最盛的时期在北野船冈山上举行的御灵会。木工寮[1]中修理职[2]的官员制造了两台神轿，放置在了船冈山上。祭奠结束后，神轿便被“返还山境”，“放归难波海”（《本朝世纪》）。

“放归难波海”指的是将神轿放入船冈山山脚下的河中，让其顺水流走。这条河流与大德寺周边的诸条河流汇集到一起向南流去，流过大宫路后在上立卖路处转向东，汇入堀川后南下，从九条路开始蜿蜒向西前进，在四冢古坟群处沿着鸟羽作路向南漫延，最终与天神川汇合。因为天神川最终会流入桂川，所以理论上在船冈山山脚下流放的神轿最终会流到难波海。难波海自古以来被认为是日本的“祓除场所”，在神泉苑被祛除的污秽也会通过堀川流入难波海。

祇园神社与祇园御灵会

祇园祭由平安时代中期开始的一种御灵会演变而来（以下祇园御灵会简称为祇园会）。八坂神社的名字是在明治元年（1868年）神佛分离之际取的，因为这里从以前开始就隶属于爱宕郡八坂乡。在此之前将祇园神社、附属于神社的寺院称为祇园感神院。一直到10世纪中期，感神院与清水寺同是奈良

1 寮，日本律令制下附属于省的官署。

2 修理职，平安时代以后，负责宫中一切修理建造工作的令外官。

兴福寺的末寺，后来在天德三年（959年）感神院与清水寺之间发生了矛盾，由此感神院变成了延历寺的末寺。这也是在之后很长一段时间里兴福寺与延历寺不断争斗的原因之一。

祇园神社原本供奉的是牛头天王，他既是瘟神，在过去也是祛除瘟神的神。祇园神社建造于9世纪后半期，延喜二十年（920年），右大臣藤原忠平为了祛除流行病“咳疾（症状为咳嗽）”，在神社里供奉起币帛（供奉神佛的麻布）和赛马。祇园神社在当时还有镇守八坂乡的职守。随着御灵信仰的普及，祇园神社承载了人们更多的期待，祇园神社中的祭典也变得越来越盛大。

提到祇园祭，大家更容易注意到的是绚丽豪华的戈山彩车巡游或者前夜祭宵山[1]，实际上在七月里神社内外举行的一连串的活动、风俗习俗都是祇园祭。关西的梅雨期每年在七月二十一日前后结束，在那之前由于酷暑或是长时间的降雨而引发的水灾都是疫病的诱因。神轿是神灵所乘坐的轿子，祇园御灵会中最盛大的活动便是抬着神轿在京中巡游。这个活动被称为神轿启行（图2-5），在平安时代还没有出现

图2-5 祇园神轿启行 渡过鸭川的临时桥梁来到京中 上杉绘本《洛中洛外图屏风》下京只[2]第二～三扇，部分（藏于米泽市上杉博物馆）

1 宵山，正式祭典前夜的祭祀活动，尤指京都祇园节的宵宫。

2 只，用于计数屏风等成对物品中的一个的量词。

戈山彩车巡游的活动。

为了在祭礼范围(氏子[1]区域)巡行,神轿从神社抬出来后,会被临时安放在御旅所[2]。虽然现在御旅所只有四条寺町的一处,但过去在阴历六月七日(现在是7月17日)傍晚,就会从祇园神社抬出三台神轿,其中两台被抬到大政所御旅所(高辻东洞院),另一台会被抬到少将井御旅所(冷泉东洞院)(参照图1-1),这被称为迎神轿(即现在的神幸祭)。神轿在御旅所会停置七天,之后在六月十四日(现在7月24日)的傍晚回到祇园神社,这被称为还幸[3](即现在的还幸祭)。还幸也叫做祇园御灵会或祇园会。

根据祇园神社的相关史料记载,大政所御旅所和少将井御旅所的用地分别在天延二年(974年)以及保延二年(1136年)赠送给了祇园神社。但是御旅所直到南北朝时期仍不归祇园神社所有,平安京的住民们变成主办方,御旅所成为迎接和供奉祇园的神的场所,御旅所的神主[4]也不过是祇园神社的驻外机构而已。前文所述的神轿启行,最晚在12世纪前半期就已经出现了。

东寺与空海

自古以来,从奈良时代起便过于重视佛教,为了消除因此而带来的弊端,平安京中除了东寺和西寺,便没有再建造其他寺院。但是吉川真司先生提出了一个新观点,即“王都、佛都

1　氏子,祭祀同一氏族神的人们,在该氏族神守护的地域内居住的人们。

2　御旅所,神社祭礼的神轿启行时,为迎接离开本宫的神轿而临时供奉的地方。

3　还幸,神从神幸地返回。

4　神主,仕于神社祭神的人,亦指神职人员之长。

分离论”。平城京中有诸多寺院，转移这些寺院不仅耗财，而且会招致混乱，因此可以在平安京中的法会上启用这些平城京的僧侣，为护持王权、振兴佛教做出贡献。这个观点十分有趣。无论如何，正如我们所知道的南都[1]七大寺那样，奈良作为佛都被保留了下来。

东寺是其中的特例，虽然在平安迁都的时候起就已经开始修建，但直到弘仁九年（818年）正殿才竣工。弘仁十四年，空海将唐朝最新的密教（密教与显教相对，是秘密的教义的意思。显教是靠语言来表述的佛教教义，与此相对密教更加重视教理的造型化（抽象的、艺术的表现形式以及宗教的仪礼）引入日本，嵯峨天皇便将未竣工的东寺赐予了他，从此之后东寺便成为真言密教的本道场。平安时代东寺最大的祭祀活动便是后七日御修法，每年的正月八日到十四日，在大内里的真言院道场举行修法，为天皇身体康健、国运隆昌、五谷丰登、百姓富足快乐而祈愿。此外每年还会举行惯有的国忌（在先皇、天皇祖先、皇太后的忌日休息不办公，而是举办追善法会）、政府命令下的惯有或临时的佛事祷告。如果说纪伊的高野山金刚峰寺是空海实践真言密教真理的道场的话，那么东寺就是国家经营的官方寺院。

空海想在讲经堂中放置二十一座雕像。在他死后的承和六年（839年）实现了这一设想。这些雕像中有十五个至今为止仍保留着建造之初的样子，作为日本最古老的密教雕刻受到很大重视。笔者不时会造访这里，幽暗的寺堂中佛像林立，寺庙中弥漫着不可思议的神秘的气息，让人肃然起敬。金刚

1 南都，与京都城北都相对，指奈良。

法菩萨、金刚宝菩萨的人体雕像极具肉感，极富魅力。诸佛按照空海自身特有的设想排列，有的学说认为这是通过雕像的摆放方式，绘制了一幅曼荼罗（根据一定的方式，描绘诸佛、菩萨以及众神的图形）。对此笔者不敢妄加评论，但这里的确蕴藏着平安时代庄严的宗教氛围。

在京都的商业街（四条河原町）的正北方向，距其不到13千米的山里，有一座鞍马寺。这座寺院是负责修建东寺的长官藤原伊势于延历十五年（796年）建造的。主佛是毗沙门[1]，但在最初的时候这里只是供奉着观音的小寺院，直到9世纪末期才成为专门供奉毗沙门的寺院，东寺的僧侣们使得鞍马寺的性质发生了转变。把守护北方的毗沙门天安放在平安京中制人生死的水源地上，真可谓安排得细致入微。

贺茂神社与石清水八幡宫

平安京郊外山清水秀，除了鞍马寺之外，大寺院、大神社一个挨着一个，与京内成鲜明对比。位于北区上贺茂的贺茂别雷神社（上贺茂神社）与左京区下鸭的贺茂御祖神社（下鸭神社）统称为贺茂神社，两座神社南北相距约3 000米，各自镇守在贺茂川沿岸。上贺茂神社最迟建于7世纪末，在平安迁都一百年前便已经建成，是山城国的一宫（各国中拥有第一位格的神社）。长冈京和平安京迁都以后，上贺茂神社作为王城的守护神，不时会有天皇驾临，在神前献上币帛。大同元年（806年）由于天皇的命令，开始举办贺茂祭，到了弘仁元年（810

---

1 毗沙门，即毗沙门天，四天王、十二天之一，住在须弥山山腰北侧。在日本被视为七福神之一，守护佛法并赠给福运和财宝。

二），开始实施斋院[1]制度，未婚的皇女或女王作为斋王，为神社的祭祀活动效力。斋院制度一直延续到镰仓时代前半期，才得以结束。

宽仁元年（1017年），后一条天皇将山城国爱宕郡定为神郡，规定要向这两座神社上供，于是第二年郡内的各个乡都向上下贺茂神社捐了供奉。等到了院政时期，两座神社都拥有了许多庄园。

自古以来，在京都提到祭典的话就是在指贺茂祭。在举行祭典之前，斋王会在贺茂川举行祓禊仪式，等到四月中的酉日（现在是5月15日），斋王与敕使、东宫和中宫的侍从组成供奉队列，在黄昏之后向两座神社出发。因为女子都梳着葵髻，所以贺茂祭又称为葵祭。现在的贺茂祭，极具平安时代的王朝风，平安后期的服饰、华美的斋王代[2]以及女官的游行队列，都是祭典上最受欢迎的一个环节。斋王代是代替斋王的角色，1956年，京都有了观光意识后设立的角色，从京都出身的普通女性中挑选。但实际上过去祭典的主角是敕使，一般由近卫中将担任这一角色。

除此之外，在平安京的南部，即现在八幡市的男山上，石清水八幡宫庄严地坐镇于此。贞观二年（860年），九州宇佐宫中供奉的八幡神被请到了此处，这就是八幡宫的由来。八幡神被称为“皇大神”（天照大神的别称），是天皇的祖先神。八幡宫地位仅次于伊势神宫，作为日本第二大的宗庙，倍受尊崇。神社与内部的护国寺互成一体，这种宫寺型建筑风格是它的一大特点。

1 斋院，日本中古时为京都贺茂神社祭祀活动效力的未婚内亲王或女王。

2 斋王代，斋王以前是由未婚皇女或女王担任，现在即是公开募选，故称斋王代。

大觉寺与仁和寺

在京西首先要提的便是大觉寺。嵯峨院本是嵯峨天皇的离宫，贞观十八年（876年）淳和天皇的皇后将其改建成寺院，作为皇子的开山寺命名为大觉寺。在寺院的东侧是大泽池。北岸附近有大小两处水中岛和池中立石，北侧有名古曾瀑布等，这些风景中都暗含着平安时代初期园池的影子。虽然瀑布许久以前便已干涸，只剩下点景石，但在1994年的发掘调查中发现了造园水流，由此得以完成了瀑布的修复。

仁和寺位于右京区双冈的北侧。仁和二年（886年），光孝天皇将其定为镇守国家的道场，发愿建造，宇多天皇继承了他的遗愿最终建成了正殿，并依照当时的年号取了名字，称其为仁和寺。宇多天皇让位后出家成为法皇，延喜四年（904年）在寺内修建了僧房隐居于此。这僧房被称为“御室”，后变成了法皇、仁和寺，甚至仁和寺周边地区的别称。在这之后，世世代代的法亲王（出家后被授予亲王称号的皇子）在此继承法灯[1]，仁和寺作为高级宫门迹（门迹指的是皇子或上流贵族居住的寺院，或对住持的称呼）一直保存到现在。门迹一直繁盛到镰仓初期，那时还兼有监督六胜寺等皇族御愿寺（根据天皇、皇后等的许愿而修建的寺）的职能，宽阔的寺院里历代天皇或王族接二连三地修建了许多堂舍、子院和院家（出家后贵族子弟居住的院子）。

延历寺与清水寺

让我们把视线转移到平安京东部的东山上，东山最北侧

1 法灯，把释迦牟尼的教诲比作照亮黑暗的灯火的词语。

就是延历寺。奈良时代末期，最澄修建了一乘止观院（比睿山寺），这便是延历寺的雏形。由比睿山中的东塔、西塔以及北部的横川塔三个区域构成，在全盛期寺院里曾有三千名僧人。园城寺（寺门）因寺内僧人的内部对立而从延历寺中分离出去，与其相对，延历寺被称为“山门”，与兴福寺（南都）相对被称为“北岭”，延历寺拥有强大的武力支持，以自身的权威和实力为荣。与延历寺成对的日吉神社（现在的日吉大社），起源于古老的山岳信仰，最澄将其作为天台宗的护法神，通过崇尚神佛融合、本地垂迹（神佛同体说，指神就是本地的佛、菩萨为救济众生而改变了的形态）而发展起来。在这之后，延历寺在圣俗两方面都对平安京、京都产生了非常大的影响，但三塔和日吉神社位于近江国志贺郡（现滋贺县大津市），地处于山城国之外。

前文已经介绍过祇园神社了。清水寺的初建年代并非没有明确的记载，有学说认为是一名叫延镇的僧人在坂上田村麻吕的援助下修建了清水寺。之后清水寺成为兴福寺的末寺，不时地与祇园神社发生纷争。供奉的主佛是十一面观音像。观音慈悲为怀，普度众生。平安时代中期开始兴起信奉观音，清水寺从那时起作为供奉观音的神圣土地被世人所知，成为日本独一无二的灵场。自平安时代以来，许多缘起（有关社寺的由来、灵验等的传说，亦指记载其传说的文献）得以问世，以此来向世人显示观音的灵验。这之后，参拜者不分贵贱聚集于此，甚至还衍生出了“清水参拜”这样的词汇。西国三十三所[1]观音灵场巡游始于平安末期，清水寺成为灵场巡游

1 西国三十三所，关西三十三所安置观音菩萨的寺院。

的第十六个札所[1]。

众所周知，清水寺的正殿建造在垂直陡立的山崖上，前面是向外伸展而出的宽阔高台，起支撑作用的柱子之间穿插着几段横木，用来加固。依托于山崖建立而成的这种建筑形式称作悬建，也叫做高台建，许多观音堂都是在这种地形上修建起来的。

法成寺

法成寺是象征着摄关政治时代的大寺。遗迹位于上京区京都御所的东侧，鸭川沿岸现鸭沂高中附近，据推算法成寺覆盖了边长240米的一个范围。最开始被称为无量寿院。宽仁三年（1019年）藤原道长出家，同时许愿建造法成寺，第一个建成的是平安京东侧的阿弥陀堂，里面安置着九座丈六金色阿弥陀像。丈六是指，基于释迦牟尼的身高为一丈六尺（4.8米）这一信仰，佛像也被造成了同等大小。原则上来讲，佛像一般被建造成结跏趺坐（脚背分别压在左右大腿上的坐像，盘腿打坐）姿势，所以佛座的一般标准是八尺（2.4米）到九尺（2.7米）。

随后，讲经堂、金堂、五大堂、药师堂也逐一落成。这些寺堂是由诸国的受领（国守）竞争分摊建成的。在此期间，寺名被改称为法成寺，以阿弥陀堂为中心的寺院建筑壮丽无比，被称为人间的极乐净土。《荣华物语》中记载到，万寿四年（1027年），道长在阿弥陀堂内，手中紧握着经由九座阿弥陀佛像手的五彩线，面朝极乐净土所在的西方，北枕而卧，在念佛声中迎来了最后时刻。道长的别名“御堂关白”，也是源自法成寺的别名为御堂。康平元年（1058年）法成寺被大火烧毁，道长

1　札所，在佛教灵场，作为参拜标记领取或缴纳护身符札板的场所。

的儿子赖通虽然着手复建，但工程进展并不顺利，复建一直延续到道长的孙子师实一代。

醍醐寺

越过东山就是山科盆地，醍醐寺在它的南部，现伏见区的位置。贞观十六年（874年）由空海的徒孙圣宝开山建寺。圣宝在笠取山的山顶建了一座寺堂，里面放置了如意轮观音和准胝观音，这之后笠取山又被称为上醍醐。

当时宇治郡郡司宫道弥益一家定居在笠取山西山脚一带，他的女儿嫁给了藤原高藤，两人的女儿胤子是仁明天皇的孙子源定省的妻子。令人意想不到的是，定省的父亲即位成为光孝天皇，于是定省便成了宇多天皇。灰姑娘夫人胤子变成了天皇的女御，所生的孩子便是醍醐天皇。由此一来宫道一族的势力得到了扩张。正是由于宫道一族与醍醐天皇之家的关系，醍醐寺才得以创建和发展。

圣宝死后，他的弟子观贤成为初代座主（大寺院中对住持的称呼），10世纪时在便于参拜的下醍醐[1]建造了大寺院。承平元年（931年）策划建造五重塔，到了天历六年（952年）终于举办了竣工庆典。以上便是在序中提及的“包含郊外在内京都中现存的最古老的建筑”。五重塔的第一层，绘有两界曼荼罗、真言八祖像等彩色壁画。而摄关全盛期的平安中期，醍醐寺中一点也没有体现出来。

---

1 醍醐寺在醍醐山上分为山上和山脚两处，山上的寺院一般被称为“上醍醐寺”，山脚的被称为“下醍醐寺”。

第三章 从平安京到京都

——中世的序幕

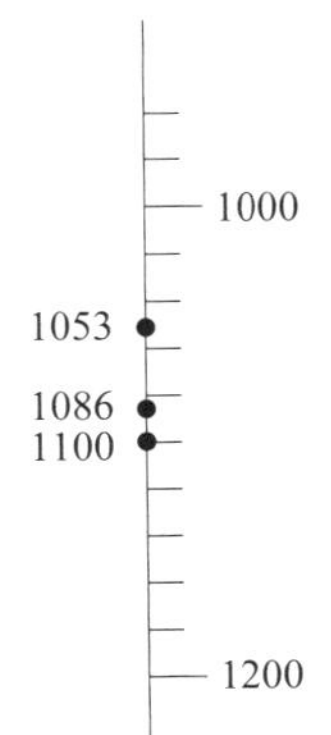

1053年，平等院阿弥陀堂（凤凰堂）建成。

1086年，后白河上皇开启了院政时代。

进入十二世纪后，平安京开始使用京都这个名字。“京都”原指天子所居住的地方，换言之是一个有首都含义的普通名词，但到了平安后期，“京都” 开始作为一个固有地名被使用。

院政与王家的成立

藤原道长的直系子孙被称为御堂流。道长的权势和荣华源自他是世代天皇的外戚，这便是他荣华富贵的后盾。他的儿子赖通也学习父亲的做法，把他的女儿逐一嫁给天皇，使其成为皇后，但是到了后冷泉天皇的时代，终于没有皇子出生，与御堂流没有直接外戚关系的后三条天皇即位了。后三条天皇提出了远伐北方、再兴内里、整治庄园等政策，在强化王权上花费了很大精力。

随后的白河天皇，为了确保皇位能够传给自己的子孙，在应德三年（1086年）十一月，让位给了八岁的皇子善仁亲王（堀河天皇）。白河上皇作为幼小的堀河天皇的监护人，在他到了适婚年龄后亲自为他挑选了正妃。皇孙宗仁（鸟羽天皇）出生后，在第一年里就将其立为皇太子。像这样通过干涉天皇的后宫，深深地介入皇子诞生的过程，决定皇位的继承人的做法，在过去是御堂流的手段。而现在则被退位的元天皇（院以及上皇、出家的法皇）掌控在自己手中。这意味着至今为止被御堂流一族压制的天皇一族，作为王家，一个独立的氏族站了起来。

王家的族长叫做治天，治天的直系卑亲属（儿子或孙子）中的皇子继承天皇之位。因此治天的想法很大程度上左右着天皇和朝廷，这样的政治结构出现了。律令政治是天皇和贵族共同统治的官僚政治，摄关政治因此道长为首的上流贵族中少数人的政治，而与此相比，基于白河上皇权势而形成的政治形式被称作院政。院（上皇、法皇）政不是成人天皇亲政，天皇在政治、祭祀、仪礼等方面行动多受到限制，而相对的，上皇则从束缚中解放出来，能够自由地进行活动。

虽然院厅的本质是院的家政机关，但也作为政治发言的场所行使其职能。其中的职员叫做院司。虽然院厅的核心是历任实务官人或受领的中下级贵族，但是上流贵族也多作为别当（长官）参与其中。院的近侍（近臣）指的是行使院政的上皇的心腹，在朝廷中发挥着权势。

御堂流失去了外戚这一层关系，自从院开始左右政治之后，御堂流也衰败了下来。此外因为治天一族（王家）开始独立，残留下来的御堂流一族也与王家区分开来，成为臣子一族。另一方面，至今为止只有天皇的外戚才能就任摄关、关白一职，但到了院政时期，与外戚关系无关，这个职位只局限于御堂流一族的人担任。这是因为自以前的时代开始，贵族家的等级便已经被固定了下来，一族出身的人能够担任的官职上限也被规定了。这样一来，御堂流就成了独占摄关、关白职位的世家，换言之就是成了摄关家。

白河的六胜寺

东山白河是天狗居住的寂静之地。越过鸭川，将平安京中的街道向外延伸（使用二条末一类的表达方式），白河这一带施行类似于条坊制的土地划分法。从白河院政开始前不久起，大约在五十年的时间里，建成了法胜寺、尊胜寺、最胜寺、成胜寺、延胜寺以及元胜寺等六个寺院（图3–1）。这些寺院的名字中都含有一个“胜”字，所以才取了六胜寺这个名字。六胜寺分别是由于白河、堀河、鸟羽、崇德、近卫天皇以及鸟羽中宫待贤门院（藤原璋子）的许愿而建造的御愿寺。因此就像“国王一族的寺院”这个名字所代表的一样，六胜寺是天皇的私人寺院，但同时它也拥有镇守国家的特点。

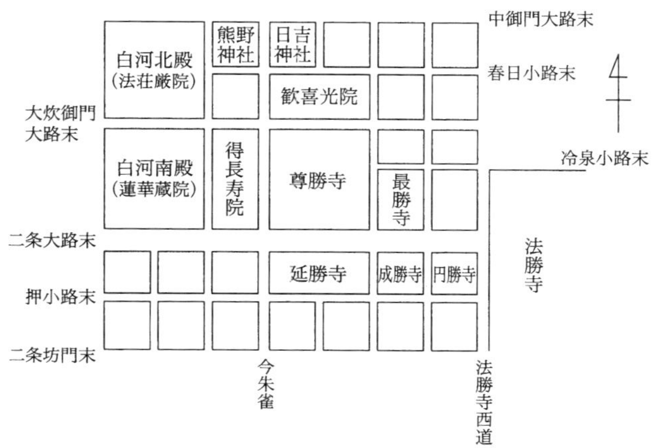

图3-1　白河地区中心部分还原图　二条大路末以南的地区不明之处较多（原图：堀内明博）

这就是代表着院政时期的大型建筑工程，建寺和佛像的费用由富裕的受领阶层负责筹措和捐献。而其结果就是成功（为建寺、隆重仪式的举办捐了钱的人就可以当官，或被授予位阶，卖官的一种）、重任（与成功相同，捐了钱就可以连任国守等职位）现象变得司空见惯。平清盛的父亲忠盛在担任备前[1]守的时候，在当地为鸟羽上皇建造了一座名为得长寿院的三十三间瓦葺堂（千体观音堂），由此得到了去往内里的上殿机会。

除此之外还有白河院的御所白河泉殿（南殿）和白河北殿，附属的寺院分别为莲华藏院、法庄严院。后文会提到的鸟羽殿也采用这种御所和御堂（寺院）成对出现的形式。如此这般，本处于郊外的白河与平安京并称为“京・白河”，城市区域也在这一带逐渐形成。法胜寺举办法会的时候，或者尊胜寺

1　备前，日本旧国名之一，相当于现在的冈山县东南部。

修建视察的时候，白河殿是院的御所，但并没有例子说明院曾在这里召开过咨询国政级别案件的公卿会议。院在处理与政务有关的事，特别是在任命朝廷官员的除目[1]仪式时，都要在三条西殿等京中的几个院御所中下达指令。

法胜寺与八角九重塔

法胜寺地处六胜寺中最东边，是规模最大的寺院，承历元年（1077年）法胜寺中金堂和讲经堂等寺堂落成。金堂大小与现在东大寺大佛殿的规模相同。随后也在不断扩建，修建了许多塔堂。虽然结构上与法成寺大体相同，但永保三年（1083年）寺院园池中的水中岛上修建了一座81米高的八角九重高塔，这在很大程度上改变了法胜寺的性质。人们从东山山科盆地而来，越过粟田口[2]进入平安京，第一个看到的便是这座高塔，塔的高度以及它前所未闻的奇异的八角设计，都令人感到惊叹（图3-2）。建筑史学者富岛义幸认为，在中国古代八角形代表着宇宙空间，与皇家礼仪有很深的联系，在日本这也让人联想到天皇的八角黑漆屋形（高御座[3]）宝座，八角形与天皇的形象联系在了一起。确实如此，高御座的八角形，象征着天皇统治的八方国土。而九重代表着皇宫或者宫中，八角九重塔聚两个元素于一身，也许可以将其看作一座广告塔，将这个时期皇家所追求的王家独立和强化王权的思想宣告天下。

---

1 除目，平安时代以后任命大臣以外官职的仪式，按定例每年春秋两次。春天因任命外官（地方官），故称“县召除目”；秋季因任命京官，故称“司召除目”。

2 粟田口，京都市东山区的地名，从东山三条至蹴上的地区。为平安京七口之一，东海道进京的入口。

3 高御座，举行即位、朝贺等仪式时，在大极殿或紫宸殿中央设置的天皇座位。在三层坛子安设八角形篷顶后围上幔帐。

现在提到白河，指的就是左京冈崎，是一片聚集着平安神宫、京都会馆、市立美术馆·动物园、府立图书馆等的文化区（参考卷头地图1）。各处都有六胜寺相关的石碑和说明板，在二条路北侧一带，还残存着法胜寺的金堂底座，比周围要高出两米左右。此外在动物园里有一处隆起，到战前为止被称作“塔坛”，这便是八角九重塔的底座。2010年，在开发该处时，发现了地基改良的痕迹。原本的地基是白河砂，塔的底座直径33米，两者形状相吻合，后又向下挖掘了1.5米，并用混杂着从拳头大小到一搂粗的石头的黏土多次仔细地进行加固。甚至在底座外围，还检测出了这个时代之后的其他基础作业的痕迹。该处四周被池水环绕，是白河的冲积扇，地质疏软，为了在这里建造大型建筑物，可以说运用了当时最先进的土木、建筑技术。

图3-2　法胜寺九重塔模型（藏于京都市历史资料馆/展示：京都市生涯学习综合中心）

说到塔，这个时代盛行塔的信仰。平安京中，除了八角九重塔和东寺的五重塔之外，还有许多塔相互争锋。百塔参拜是指到平安京周边的数百座塔处巡游，这在当时也举办得十分隆重。举例来说，平安末期，上流贵族藤原忠亲活跃于政坛，治承三年（1179年）是四十九岁忠亲的大厄年，因此他决定举办巡礼，二月二十三日到二十五日三天中，他举行了百塔巡游。第一天本是想从太秦的广隆寺开始巡游，但是因为平清盛的三儿子宗盛一行人堵在路上，所以忠亲改变了方向，从一条栉笥附近开始，这一天参拜了法成寺、净土寺以及白河、东部附近的塔，共计四十座。第二天参拜了西北方的广隆寺、仁和寺、知足院、云林院、革堂等三十二座寺院的塔；最后一天去了位于东南方向的东寺、法性寺、法住寺、观音寺、长乐寺、清水寺、六波罗塔等五十六座塔。三天之中，忠亲一共巡游了一百二十八座塔，他的热情和体力实在令人惊叹。这些塔大多是三层以上的建筑，平安京被高耸而立的塔所环绕包围。意大利的圣吉米尼亚诺被称为“塔楼之城”，在14世纪最繁华的时期曾有七十二座塔楼。虽然平安京与圣吉米尼亚诺的城市规模不同，但是塔的数量却几乎是圣吉米尼亚诺的两倍。院政时期平安京是一座被高塔环绕的城市。

鸟羽殿

位于京都南部的鸟羽殿是院游玩尽兴的地方。从平安京的罗成门出发，沿着鸟羽作道向南走3 000米左右，就是鸟羽殿，它东侧是鸭川的旧河道，西临桂川，是一个风景如画的好地方。现在来看，它位于近畿日本铁道和市营地铁的两竹田站的西面，离京都很近而且交通方便。白河天皇得了这个地方上的供，临让位之前，就将鸟羽殿定为退位后的御所而开始修建。据传那盛大的场面就好像迁都一样。此后在白河、鸟羽上皇二代院政期间，先后建造了鸟羽作道东侧的南殿、北殿、北殿东侧的泉殿、泉殿东侧的东殿，最后建造了泉殿北侧的田中殿。其覆盖面积东西长达1 200米，南北900米。在鸟羽作道的西侧，是打扫鸟羽殿的上皇近侍的住处，还有修建维护相关的设施、维持院的正常起居的厨房等各类建筑群，甚至还有多个仓库（位于现在的御仓町）（图3-3）。

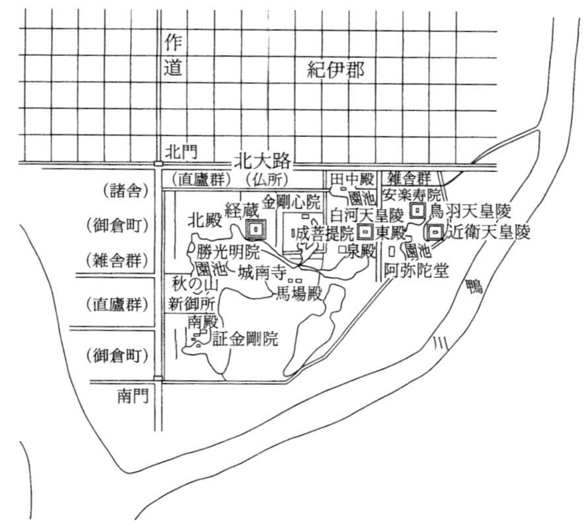

图3-3　鸟羽殿殿舍分布图（原图：长宗繁一）

鸟羽殿的四周

鸟羽殿的开发于1960年开始进行。到2001年为止已经进行了146次，调查基本完毕。在这里将会对挖掘中获得的信息，以及鸟羽殿内部做一个简单介绍。鸟羽殿中每个殿都以宽阔的园池为中心，建有御所和佛堂，附近还建有墓地。白河上皇在南殿的南侧建造了证金刚院，泉殿的周围建了三重塔。大治四年（1129年）白河法皇去世，根据他的遗言，1131年将白河上皇的骨灰埋在了泉殿三重塔下，所以三重塔变成了陵墓。这种埋葬的方法叫做坟墓堂，当时在上流人群中十分流行。在三重塔的正南面便是法皇去世的地方三条西殿御所，三条西殿的西对屋被拆除后，在这里建造了九体阿弥陀堂。九体阿弥陀堂供奉着九尊阿弥陀像（九品佛），是一座正面九开间的佛堂，六胜寺时期开始便进行了大规模修建。同一时

图3-4　**净琉璃寺中九体阿弥陀堂堂内**（净琉璃寺/提供：便利堂）

代的实物现今只保存在京都府木津川市的净琉璃寺内（图3-4）。泉殿旁边的三重塔和九体阿弥陀堂被命名为成菩提院。

鸟羽法皇在北殿中修建了胜光明院。胜光明院由阿弥陀堂和藏经堂构成，阿弥陀堂位于“佛堂东侧，前临园池，映射出宇治平等院的风姿，庄严风雅，奢华美丽”（《中右记》），是模仿平等院凤凰堂建造而成的。平等院也采取了相同的设计，将阿弥陀堂安置在胜光明院的东侧，是为了能够在园池的东岸（指现世，平等院是小御所）参拜阿弥陀堂，阿弥陀堂背朝日落夕阳，这种设计让人回想起有阿弥陀佛在的净土上那份清静的幸福。

东殿邻接安乐寿院。在用地约中央的位置建有一个长长的大型人工湖，河滩上铺满了鹅卵石。人工湖西岸中央是新御堂（九体阿弥陀堂）。北岸是三重塔，保元元年（1156年），鸟羽法皇在安乐寿院去世，安葬在三重塔的佛座下，因此该塔被称为“本御塔”（安乐寿院陵）。湖的东岸建有新御塔，鸟羽天皇的皇后藤原得子（美福门院）所生的近卫天皇就安葬于此

（安乐寿院南陵）。东殿中御所的位置还没有明确探明，不过现在有很多证据指出，御所大概在北向山不动院附近。

现在的安乐寿院是江户时代建造而成的，位于本御塔的东侧，新御塔的北侧。院内主要收藏了安放在本御塔中的阿弥陀如来坐像、鸟羽殿相关的绘画、古籍等。安乐寿院内还复原了东殿的园池。为了防止挖掘出来的庭院点景石的格局崩坏，对此进行了修复，重现了往日东殿的风采。

在田中殿的西南方向建有金刚心院。金刚心院是鸟羽殿中最大的寺院，它的中央是朝南的释迦堂，西侧是寝殿，西南侧是阿弥陀堂（九体阿弥陀堂）。在寝殿的南面、阿弥陀堂的东面建有一个南北方向的长形人工湖，阿弥陀堂的正面架有一座东西方向的桥（图3–5）。

鸟羽殿遗址的西北方向，是名神高速公路的京都南互通式立交桥。出入口附近有许多情人旅馆，宫内厅[1]的陵墓参考遗址尴尬地坐镇其中，十分不协调。鸟羽殿的发掘调查，有相

图3–5　金刚心院的模型　照片的右侧是北方。正面的横向长条形建筑是九体阿弥陀堂。这座长条形的宽阔寺堂正面开间要比平等院凤凰堂稍大一些。（藏于京都市埋藏文化遗产研究所）

1　宫内厅，总理府的外局之一，负责有关皇室关系的国家事务以及天皇的国事活动。

当一部分源自这些情人旅馆施工前的调查。高速公路周围的景色变成了隔音墙，连命令停车的信号灯也没有。立交桥的入口，从意识层面上讲也可以看做是通往目的地的起点。这里远离京都市中心，成了衔接外界的过渡地区。另一方面，因为情人旅馆有碍孩子们的心理成长，影响公共秩序，有伤风化，所以聚集在此处，远离街区。从文化人类学中主张的观点来看，被视为社会异物的东西会从中心区域被排挤到周边地区，此处的建筑分布也体现了这一点。

白河死后，鸟羽上皇转宠藤原得子，待贤门院璋子随之失去了宫中的地位。因此她变得常在自己的御愿寺——法金刚院中的御所度日。双丘位于右京区御室南部，是一片地势平缓的小丘陵，由三座山丘组成。法金刚院就在这三座山丘和平安京西侧的西京极大路之间。乘坐JR嵯峨野线在花园站下车，眼前便是法金刚院的遗迹。虽然由于数次灾害已经失去了其壮丽的身姿，但在1968年，挖掘发现了回游式[1]净土庭院，并将其复原。湖的北侧一角的青女瀑布和它背后的五位山，二者合起来被定为日本的特别名胜[2]。逡巡于湖的周围，能够欣赏到庭院四季变迁之美，尤其是那七月清晨的莲花，美得醉人，可谓是集世界莲花之最。

摄关家与宇治

院政时期，虽然摄关家的势力有所衰退，但仍作为特别

1 回游式，池泉庭院样式之一，以泉池为中心边走边观赏的庭院。始于镰仓初期，江户初期和明治时代盛行一时。

2 特别名胜，在日本指国家由《文化财产保护法》指定的名胜中，被认为价值特别高的名胜，与国宝同级。

的臣子，与王家保持着联系。正如王家在鸟羽建造了离宫那样，摄关家也在宇治川一带创建了自己的城市。《源氏物语》中宇治十帖以宇治川为故事的舞台，道长为了追求红叶，曾多次来这里巡游。藤原赖通将他从其父道长那里继承下来的大宅，于永承七年（1052年）改建成寺院，平等院便由此而来。首先在院内北部修建了正殿，第二年完成了阿弥陀堂（凤凰堂），在其中安放了佛像师定朝的作品——丈六阿弥陀坐像。此外，赖通以及他的儿子还继续在阿弥陀堂的南侧修建了法华堂、藏经堂（宝藏），在西南方向修建了五大堂等。

从那之后直到平安末期，平等院作为摄关家的祖庙，受到藤原一族的尊崇，迎来了鼎盛期。近年的发掘调查发现，阿弥陀堂中安放主佛的中堂左右两侧有延伸出去的回廊（翼廊），这些回廊有被改修过的痕迹，此外同一时期屋顶也从原来的木制瓦重新修葺成了正规铺瓦屋面[1]。木制瓦听起来很稀奇，现今在奥州平泉的中尊寺金色堂中残存着唯一的实物。虽然阿弥陀堂建在水中岛上，但在修建最初，水中岛上的平地只有中堂（中央的堂）那么大，翼廊则修建在铺满圆形扁平黑玉石的沙洲上，左右翼廊的两端就像水中楼阁一样立于水面。这是在沙洲上用凝灰岩筑成的一座坛上积基坛[2]，使翼廊固定恒久不动（图3-6）。这样大规模的改建，是由师实的孙子氏族长忠实于康和三年（1101年）所进行的。

虽然平等院表现的是极乐净土，但是阿弥陀堂却染有浓

1　正规铺瓦屋面，本瓦葺顶，平瓦和圆瓦交互使用葺成的屋面，亦指这种交互使用平瓦和圆瓦葺屋面法。

2　坛上积基坛，由切成一定形状的石头堆砌而成，规格很高的基坛。

图3-6 2014年，完成了中堂、翼廊修复的平等院凤凰堂 （提供：平等院）

郁的密教色彩，是一座色彩鲜艳浓重的建筑。巨大的藏经堂中收藏着空海传下来的如意宝珠等天下至宝，担任摄政·关白的一族之长首先要做的便是切实地验看藏经堂中的宝物。这被称作为“宇治收藏”，自忠实以来便成了一族的惯例。历代的上皇也会亲临宇治，让藤原一族开启藏经堂的大门。藏经堂作为“宇治宝藏”，象征着摄关家的权威。前文曾表述，鸟羽胜光明院中的阿弥陀堂是模仿平等院所建，建造的要比平等院更为宽阔，藏经堂中也收藏着诸多宝物。这也体现出了王家想要超过摄关家的意图。

除此之外，在平等院的北侧，宇治川的对岸是忠实的别墅富家殿。忠实在他女儿嫁与鸟羽天皇的入宫问题上与白河法皇意见相左，招致了白河法皇的怒气，富家殿便是他被迫长期隐居的地方。在始于宇治桥的参道（与现在的平等院表参道重合）的西侧，沿着大和大路有一片划分得像棋盘一样整齐的街区，这里建有忠实母亲的小川殿、小松殿，以及其御堂常乐院，此外还有西殿、赖通女儿宽子的池殿等。12世纪中期的保元之乱是武士阶级进军政界的突破点，在这之后摄关家的根基便开始向京内或东山九条转移。宇治没有了利用价值后，很快地衰败下来。在随后的战乱中，平等院的寺堂和塔楼也被毁坏，只残留下阿弥陀堂以及在正殿遗址上再兴的观音堂。阿弥陀堂因其优美的建筑外形，自江户时代起被称为凤凰堂。

六波罗与西八条

六波罗蜜寺位于京东，鸟部野入口处东山区辘轳町一带。相传是在平安时代中期，由一位名为市圣空也的僧人建立了六波罗蜜寺，为庶民念佛教化百姓。院政时期，伊势平氏的平正盛在此处修建了阿弥陀堂，到了他儿子忠盛一代，在此修建了宅邸，面积约为11 900平方米。嘉承三年（1108年），源义亲在西国不断作乱，正盛讨伐源义亲凯旋后提升了武士威望。同年三月，延历寺的僧兵（诸多大寺院的僧侣们以及庶民们武装后称之为僧兵）和日吉大社的神人[1]们一同抬着日吉大社的神轿（延历寺守护神乘坐的轿子），试图进入平安京。为了阻止僧兵的行动，起用了正盛所率领的平氏军队。此后延历寺或兴福寺的僧兵频繁强行上告（伴随着示威活动的上诉），为了防止事件暴发，每次都派以平氏为主力的军队去西坂本（一乘寺附近）或宇治一带镇压。

平忠盛作为院的近侍，以及近卫军的首领，深得白河、鸟羽的信任，此外身为一名富有的受领，为了给院建造寺院和塔楼，忠盛也捐了很多钱。他的儿子平清盛，在保元、平治之乱中取得了最终的胜利，进而在政治上掌握了实权，并将六波罗

---

1 神人，平安时代至室町时代，在神社协助处理祭神活动、社务或杂物的低级神职或寄人。平安末期，也同僧兵一样进行过强行上诉。

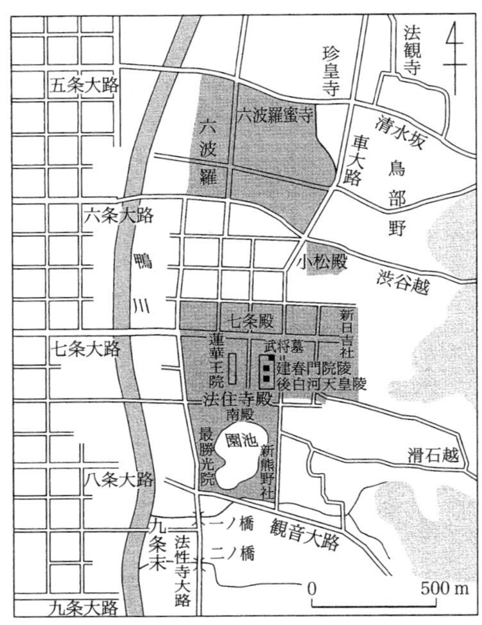

图3-7 六波罗与法住寺殿 （原图：山田邦和，有部分更改）

建设成一大军事基地。

六波罗蜜寺位于五条末，平家的六波罗北侧到五条末，即截至平安京五条大路（现在的松原路）在京外东方的延长线，南侧同理到六条末，南北约有500米的距离。从东西方向上来看，西侧从距离鸭川东岸约100米左右的地方开始，向东延伸600多米到达最东侧，估算其面积大约有二十多个町那么大（图3-7）。平氏一族的亲戚、侍从，以及从地方来到平安京的武士聚集在此，房屋一栋挨着一栋，细细数来竟“房屋三千二百有余”（延庆本《平家物语》）。至今为止无论是都内还是近郊，从来没有出现过像这样庞大的一族以及其相关者聚集共同居住的情况。这个区域的中心是清盛的泉殿，是从忠盛那里继承而来的。

掌握重权的平家还有另外一处基地，即西八条（参照图1-1）。乘坐JR京都线，在京都站上车乘坐通往大阪方向的列车，透过北侧的车窗很快便能看到由森林和原野组成的梅小路公园。虽然现在梅小路公园几乎位于左京的西南角，但事实上在当时它地处于平安京郊外。在全盛期，有六个120米见方的町那么大，大大小小五十多栋建筑排列于此。它的中心是八条坊门（左京八条一坊十一町）。清盛在就任太政大臣后，仁安四年（1169年）表面上从政界隐退，并将一族的代表权和六波罗泉殿传给了长子重盛，随后隐居在摄津国八部郡福原（现神户市兵库区平野）的别墅里。虽然清盛的妻子时子也搬出了六波罗，但却留在了西八条。每逢因为政治上的关键时期清盛从福原上京时，都要去时子在的西八条。

法住寺殿

保元之乱后，后白河上皇开启了院政时代。他在东山南部营造了一座叫法住寺殿的院御所。与白河和鸟羽不同的是，法住寺殿是后白河上皇唯一的常住居所，他在这里与公卿门讨论国政。法住寺殿位于现在京都国立博物馆以及三十三间堂一带，南北距离约1 100米，东西宽约600米，比起鸟羽殿规模要稍小一些。这里从东山山脚向鸭川延伸，是个倾斜地带，所以法住寺殿建造成了一座阶梯式建筑。

七条末的偏北一侧，是后白河上皇和他最心爱的皇后平滋子（建春门院）的居所七条殿。滋子是清盛的妻子时子同父异母的妹妹，与后白河上皇生了宪仁亲王（后成为高仓天皇）。七条末以南建有莲华王院，再向南建有一座巨大的人工湖，莲华王院、南殿、最胜光院，以及新熊野大社等建筑围湖而立。如果说七条末以北是院的私人场所的话，那么南侧的公共性质则更强一些。

莲华王院的正殿是三十三间堂，建造于长宽二年（1164年）。镰仓中期三十三间堂曾被大火烧毁，现在的正殿是按照原来的模样重新修建的，可以说带着院政期间繁荣的塔堂建筑风格。与父亲忠盛的得长寿院相同，清盛在三十三间堂中安放了千尊观音像，因此当时三十三间堂又被称为法住寺殿千体观音堂。清盛当时将备前国作为自己的知行国（给予实力派贵族国务行使权以及从该国获得收益的权利的制度），用获得的财物建造了这座寺院。正殿的北侧是藏经（宝）堂，收藏了许多宝物。其中最具价值的是绘卷类收藏，《伴大纳言绘词》等许多流传至今的著名绘卷都收藏在这藏经堂中。这些宝藏都是在后白河上皇为主要赞助人和制作人的工作室中完成的。

园池西侧的最胜光院，由建春门院发愿建造。2012年，在一桥小学旧址进行了发掘调查，为了保护寺院周边一带，平整了向鸭川方向倾斜的地带的土地，规划出一片平地。虽然调查区间只有大约2 300平方米，但如果用十吨的翻斗车计算的话，大约要搬运出780台车的土。

园池东侧是新熊野大社，沿着智积院前的东大路路向南走，在右手边可以看见巨大的楠木树丛。这便是新熊野大社的神木。院政期间，院和贵族之间非常流行到南纪的熊野三山去参拜，但是历代上皇中，后白河上皇最多也就去了三十四次，据内部记录记载能够确认的有二十八次。即便如此这样不远万里去熊野参拜也十分不便，所以后白河上皇在修建法住寺殿之前，便请了熊野三山的神下来，作为法住寺殿守护神。

从鸟羽离宫到法住寺殿御所

后白河上皇没有选择鸟羽，而是在这片地区建造了自己的基地，这里面隐藏着什么样的原因呢？大概是这片地区的北侧是平家的六波罗，后白河上皇多少有些依靠的意思吧。此外，鸟羽离宫中还有鸟羽法皇和近卫天皇的墓地。近卫天皇是鸟羽法皇与美福门院之间的孩子，美福门院对于后白河来说，是将其母亲待贤门院赶下位的人。虽然近卫死后后白河继位，但在保元之乱后，后白河让位给了他的儿子二条天皇。二条天皇是美福门院抚养大的孩子，对于她们来说，后白河只不过是二条天皇继位前的过渡天皇而已。因此想要施行院政制度的后白河与试图天皇亲政派的二条一方就形成了对立的局面。

后白河上皇通过离开鸟羽，表明了要缔造有别于美福门院派系的自己的王统的意向。也许也有这方面的影响，他在三十三间堂东侧对面的位置，建造了死后的陵墓。安元二年（1176年）建春门院滋子去世，后白河上皇想要将其葬入陵墓中。虽然有人反对，但后白河迅速举办了葬礼，并在陵墓旁边重新建造了自己的墓地。后白河死后，这里便成了两人的并肩长眠之地。

青莲院与三千院

在东山区粟田口，有一座寺院以繁茂的楠木和大气的长屋门[1]而闻名。这就是青莲院，与三千院、妙法院并称山门[2]（延历寺）三门迹[3]。青莲院源于清莲坊，是最澄在比睿山东塔南谷（现大讲堂南崖下的停车场一带）建造的。

1　长屋门，近世高级武士宅邸大门形式之一，左右两侧备有佣人和家臣住的长屋。亦见于准许称姓带刀者的民居大门。

2　山门，山，与寺门、寺（园城寺的称谓）相对，延历寺的称呼。

3　门迹，平安末期以后，皇族、公子的子弟等住持的特定寺院。亦指这种寺格。曾一度制度化，而现在则用作私称。

延历寺从最澄时代开始就一直尊奉着“论湿寒贫”的修行理念。每日生活在湿气重、又寒冷的山上，安于清贫，专心研读《法华经》的教义，但这样的生活很容易患上风湿病。随着时代的变迁，开始流行在温暖的村落里建造僧房，这就是里坊。仁平三年（1153年）金刚胜院（三条白川坊）作为山上青莲院的里坊，被建在了三条末和白川交叉点的东南角。天台座主[1]行玄（藤原师实的儿子）的弟子，鸟羽第七皇子入寺后成为青莲院门迹。之后青莲院作为门迹寺院，一直到明治时代为止，它的门主都是出自皇族或五摄家[2]，在佛教界以等级高贵为荣。

青莲院在第三代门主慈圆（关白藤原忠通之子）在任时迎来了鼎盛时期，慈圆是一名有名的歌人，因著有历史书《愚管抄》而闻名。自元久二年（1205年）开始不断搬迁寺院，嘉祯三年（1237年）迁移到了现在所在地，后因应仁之乱寺院被烧毁，但在江户初期完成了复建。现在的这座建筑是明治时代的青莲院被烧毁后重新修建而成的。

梶井门迹位于左京区大原，又叫做三千院门迹。如果到京都大原去的话，当然也有流行音乐的影响，首先想到的便是三千院。但其实三千院这个名字是在明治四年（1871年）之后才取的。传说梶井门迹起源于一宇（圆融房），是最澄在比睿山东塔南谷的大梨树下建造的。之后不久在东坂本梶井里（现大津市）修建了圆德院，山上的圆融房为本坊，圆德院为里坊。大治五年（1130年）堀河天皇的皇子入寺以后成为门迹

1 天台座主，比睿山延历寺的最高僧职，统辖整个天台宗宗门。

2 五摄家，镰仓时代以后，具有担任关白资格的五个家族。指从摄关家的藤原北家分出来的近卫、九条、二条、一条、鹰司五个家族。

寺院。

大原寺（来迎寺）地处于大原鱼山一带，久寿三年（1156年），圆融房作为大原寺的末寺，在现所在地建立了治理大原的基地。许多原本对比睿山俗化不满的宗教信徒聚集在大原，白河院政初期，延历寺西塔的僧侣多移居此地，密教谷流一派的宗教学得以蓬勃发展。这之后里坊辗转于京都东山一带，后搬迁到紫野船冈山附近。应仁之乱时里坊被烧毁，之后搬迁到大原现所在地。

往生极乐院中杉木林立，有着幽美的嫩竹色青苔庭院，是三千院中最古老的建筑。原是康治二年（1143年）到久安四年（1148年）之间，一位尼姑为了给亡夫积冥福而修建的阿弥陀堂。在战国时代被纳入了三千院的寺内，成为梶井门迹中的一院。为了在往生极乐院狭小的堂内容纳丈六的阿弥陀三尊像，它的棚顶屋脊处并没有平搭天花板，而是采取了在内侧可以看到弧度的倒扣式船底的设计。两尊观音菩萨、势至菩萨的侍像呈现出前倾的动作，好像正要从端坐中站起来一般，表现了从西方极乐净土来迎接亡人（来迎[1]）的积极姿态。

内里·大内里的营建与修缮

到11世纪前半期为止，内里烧毁后还会立刻重建。但是到了同一世纪的后半期，内里烧毁后就不再立刻重建了，半数以上的时间内里都是烧毁状态。12世纪前半期虽然没有发生火灾，但内里还是继续荒废下去，只剩下仁寿殿还在使用。天

1 来迎，在净土教中，指认在弥留之际若一心念佛，阿弥陀佛或菩萨便会前来迎接。

皇也常住在里内里，里内里成为天皇处理政务的场所，原来的内里也就变得越发不重要了。

在这种背景下，治历四年（1068年）到延久三年（1071年）间，后三条天皇命令再建了内里和大极殿，保元二年（1158年）之后三年间，在后白河天皇的统治下，再建了内里，并重新修缮了大内里。后者是由信西僧人发挥才智促成的，在保元之乱中他辅佐后白河天皇取得了胜利，是隐藏在背后的关键人物，也是战乱之后在政界掌权的人物。对于他们来说，重建修缮内里或大内里到底想要达到一个什么目的，这不得不让人深思。

考古学家上原真人对八省院、大极殿区域、内里区域出土的11、12世纪的瓦片进行了仔细分析，发现无论是后三条时期还是信西时期，比起利用频率低的大极殿或者八省院，要更优先内里的再建，修缮大内里的时候，比起应天门这种在外面不能直接看见的地方，要优先修缮城墙，特别是南面城墙。从新建的会昌门（八省院正面的门）外能够看见大极殿，因此信西修缮大内里，实际上是将大极殿的正面修得更加庄严有气势——隔着会昌门东西方向的瓦墙，能够望见大极殿正脊两端闪亮的鸱尾——对此上原真人进行了精妙的论证。当时八省院和大极殿只用于举办即位仪式或者大尝会，基于这一点，修缮大内里的主要目的是使天皇的即位仪式显得更加威严庄重。而信西在重建内里的时候，亲自计算所需费用，仔细考虑工程实施计划，将其合理地分摊给诸国承担（《愚管抄》）。考虑使用目的，只修缮看得见的地方，可省略的地方放置不管，奉行的无疑是一种合理主意。

安元三年(1177年)四月二十八日,平安京内发生重大火灾。半夜时分在樋口富小路附近发生的火灾,趁着当时强劲的东南风一举烧到了大内里。火灾范围东到富小路,西到朱雀大街,南到六条坊门小路,北到大内里,约有一百八十个町受灾。主要烧毁的建筑中,大内里中包含大极殿在内的八省院、朱雀门、神祇宫、民部省、主计寮、主税寮、式部省等,以及京内的大学寮、劝学院、关白藤原基房等公卿的宅邸十四座,除此之外被烧毁的民宅也不计其数。左京区大约三分之一的区域都被烧毁(图3-8)。这是平安京迁都以来四百年间最严重的火灾,但这只是加快了古老时代的退场,并没能阻止新时代的到来。

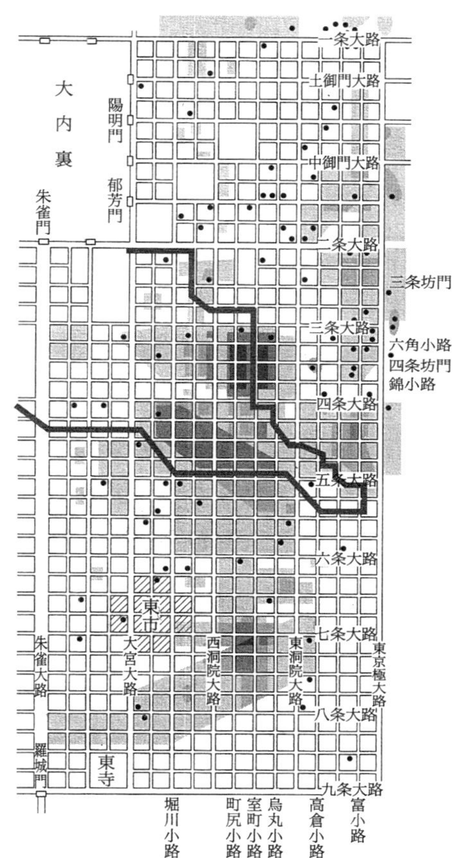

图3-8　平安末期的京都火灾图(1137—1186年)　火灾蔓延区域比较广的情况用网线表示。点表示的是只烧毁了几户的小型火灾。粗线围起来的部分是安元大火的受灾地区。网线重叠的区域表示多次受灾。相应来看闹市区火灾较多,再建也比较快(原图:秋山国三)

国家工作的运营场所

日本的古代社会残存着相当一部分的原始性，而律令制则是学自于先进的唐朝，是一个并不适合日本社会的巨大的国家体系。这种先进的制度与日本实际国情有许多不符之处，自奈良时代以来曾多次进行过大规模的官厅合并与撤销，精简了中央机关制度。此外，迅速且便利的官厅运营也逐步展开。官厅中处理政务的场所，也逐渐从大内里的曹司向长官以及该项工作的历代负责人（官吏）的私人宅邸转移。各种用途的物品以及办公所需的文书都储存在专有的仓库或文库中，以此来维持官厅的正常运转。各官厅为了维持自身的运营，费尽心思确保财政来源，这些财政来源便成了世袭官厅职务的家族的收入。如果没有稳定的财政收入，那么官厅要么被削减缩水，要么被其他部门合并。即便大内里中还残存着一些官厅建筑，但也不可避免地只空留下一具空壳，私人住宅办公逐步发展，由特定的家庭承揽官厅运营，在收入稳定的前提下执行职务，12世纪初中期这就是官厅运营的总体趋势。

检非违使厅（简称使厅）清楚其中的具体实情，使厅的长官（别当）位居枢要，所以由参议以上兼任卫门督和兵卫督的公卿顺次就任。而实际就任时，中纳言级别的官员较多。被任命为新长官之后，公卿会在自己宅邸中门廊外设置侍所，将其作为处理政务的办公厅，或者会在宅邸中新建一栋房子，用来处理政务。“使厅的赤唐柜（唐柜有六条腿，是大型的收纳箱、搬运工具）”是官厅中各部门一贯性的象征，经历了数百年的沧桑，越破旧的唐柜便越珍贵（《徒然草》）。别当卸任后，处理使厅杂物的世袭法律专家职员会将唐柜和犯人相关的记录簿带走，在新的别当就任之前，这些资料都保存在他自己的宅邸。对于专门负责搜索逮捕的检非违使来说，从犯人那里收缴来的盗窃品和财物，以及作为避免立刻行刑而上缴的财物都是检非违使的正当收入。由于别当的更替而废弃的办公厅会在拆毁后，与备用的物品一同捐献给寺院。检非违使因为职务的原因会积攒很多罪孽，妨碍成佛，所以把物品都捐献给寺院以此来减少自己的罪孽。

庄园的激增

院政时期庄园数量急剧增长。以前有书籍记载从摄关时期开始庄园便覆盖了全国，但现在已经否定了这种说法。以前的学说认为，地方农村的新兴领主（所在地领主）为了防止自己的开发成果——私人领土被其他人侵占，会象征性地向都城中的贵族进献，然后这些贵族再向王家或摄关家等大家族进献，换言之庄园之所以激增，是因为由下到上的进献连锁反应而形成的（献地系统庄园）。但事实上，这些被认为是进献而来的土地，其实是这些大家族从进献到自己处的私有领地所有权证明中，挑选出合适的领地，以此为中心大规模地向周围的公共领地扩展，施行圈地。换言之，这是上皇、女院（天皇的母亲以及三后、内亲王等拥有院号[1]的女性）、摄关等各种近臣一起促成的"立庄"行为，这种情况下国守的合作必不可少。现在学界普遍认为，在院政时期庄园形成的过程中，与其说是由下而上的"献地"，不如说是从上到下的"立庄"起着更大的影响作用。

天皇、上皇、女院的御愿寺修建的流行，也促进了从上到

1　院号，上皇、皇太后、准母等人的尊号。

下的“立庄”的发展。王家的庄园为了维持御院寺的运转经营，扩大了规模。在鸟羽离宫安乐寺院附近有三十一座庄园，后白河上皇的长讲堂（六条殿御所的持佛堂）附近有九十多座庄园，都是极具代表性的庄园。六胜寺的领地里共计有一百零七座庄园。院政时期之后，皇女中继承王家领地内庄园的例子急剧增加。例如鸟羽上皇的皇女八条院继承了安乐寿寺领地的庄园以及其他一些庄园（平安末期合计约一百座），后白河上皇的皇女宣阳门院继承了长讲堂领地的庄园，这些都是非常鲜明的例子。摄关家领地上的庄园合计约超过四百座左右。

向庄园领主集中的城市转变

庄园制是一个多重体系，对庄园有所属权和支配权的人，对应他们各自的地位赋予其相应的职务和收益。王家作为本家，是最上层的领主，拥有本家的权益。领家管理本家的庄园，拥有实际支配权，也称为预所。实力派贵族、院的近臣、平家等拥有庄园，实际上大多数都是作为领家，享有相应的义务和权利。平安末期摄关家分为近卫家和九条家，本家是近卫家，近卫家对庄园的支配权便是本家的支配权，而级别稍逊一筹的九条家则是介于本家和领家之间。到领家（预所）为止都属于庄园领主的范畴，在这之下，庄园当地还存在着中间管理层庄官，这个职务也分上级的下司和下级的公文，根据各自的职务获取相应的收益。之下还有能够使用庄园的田地并受益的百姓，他们承担着公事、年贡等负担。公事指的是以人为对象的赋税，年贡指的是以土地为对象征收的赋税。公事是从服徭役到手工制造业商品，征收范围山河湖海很是广泛，征收内容包括地区特产等多种多样，因此也被称作万杂公事。这些赋税被用来支撑朝廷的开销，以保证朝廷的政务及仪式等公事的运行。

这个时期正式形成的庄园制，不仅是一个土地制度，还是一个促使中世社会形成的社会制度，因为它是一个居住在中央圈的领主支配地方的体系，因此对中央和地方之间的物品流通、信息传递的方式、上下级之间的人际关系都有着极大的影响。因此在院政期间，院政这种政治形式、由特定一族包揽国家政务的行政方式，以及构成社会基本框架的庄园制度，可以说聚集了中世社会中全部有特点的要素。由此学界普遍认为，中世的开始不是镰仓时代，而是院政时期。平安京从一个古代律令制的政治都市，逐步转变成了一个中世经济中心的都市，本家、领家等庄园领主聚集于此。

淀、大津和散所

现在的大阪府岛本町附近，是桂川、宇治川和木津川三川的汇流点，但到江户末期为止，这里都是东方淀的所在地（图3-9）。宇治川流入巨椋池（1941年完成排水作业），在其流出口处与桂川和木津川汇合。丰臣秀吉的侧室淀殿（淀君）的淀城，位于江户时期的淀城的北部、纳所的位置，是由中世的淀古城

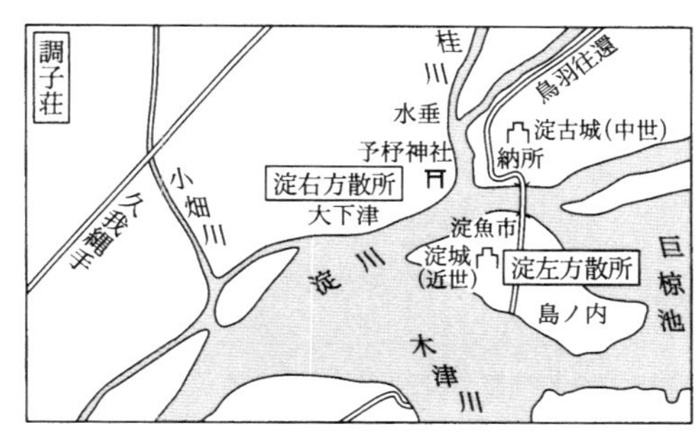

图3-9　淀津复原图

改建而成，这一带过去曾是名为“淀之洲”的水中沙洲。从西国诸国而发，经过濑户内海，沿着淀川逆流而上到达这个汇流点，在这里有一个叫做淀津的码头，在此进行租税、年贡等物品的卸货。淀津位于现在的伏见区水垂町、大下津町、纳所町一带。从淀津沿着桂川北上，与鸭川汇合，在汇流点附近就是鸟羽离宫。

淀津中内藏寮、内膳司等官署林立，还有很多保管着庄园领主租税、年贡的纳所（仓库）。“纳所”这个地名来自作为仓库的纳所。存放在这里的物资根据需求分批运送到都城里，或者商人等手持作为债务人的官厅或庄园领主开出的票据，到淀的仓库便可以换取与债务相当的物资。交通、运输行业的从业者将物资从仓库运送到都城，陆运有马运、车运等方式。车运中还存在有特权的从业者，他们所属于上皇的御愿寺（法胜寺）或御所（鸟羽殿），担任着搬运工作的同时，也从事着京都内外的运输行业。淀津与近江的大津作为港口城镇十分繁荣，因此犯罪频繁发生。因此该处在9世纪后，纳入到了检非违使厅的管辖范围。津刀祢[1]在“政所[2]”处理当地管理的相关事宜，检非违使每十日就举办一次“津巡”仪式，即到各个港口巡查。

摄关家在山城、摄津、近江、丹波等地有很多散所（也称散在所）。一些有自己所属官厅的官人，被借调到天皇、院、摄关家等地，最终在借调处供职，这便是散所（亦指代散所人）的起源，指的是这些官员或其供职地点。散所人拥有很强的办事

1 津刀祢，负责警卫保全等杂务工作的官员。津，港口城镇。

2 政所，镰仓幕府的政务机关之一，管理镰仓幕府的庶政，特别是财政，同时也负责镰仓全市的诉讼。

能力和特有的技术，是本所（主家）举办庆典、维持日常生活不可或缺的角色。摄关家的散所分布在水陆交通的要塞，对从各个庄园中收纳来的数量庞大的年贡、公事、杂物等进行收集和分发，是一个运用管理中心。所以在这个地区的散所人，必须对造船、出港前准备、开船十分熟悉，精通车马整顿或者饲育。马运、车运是他们的另一个职业。淀设置了左右散所，右散所大致位于淀川的右岸，现在伏见区淀大下津到水垂町附近，左散所则位于淀川中的沙洲（河原崎）上。

从平安京到京都

进入12世纪后，平安京开始使用京都这个名字。“京都”原指天子所居住的地方，换言之是一个有首都含义的普通名词，但到了平安后期，“京都”开始作为一个固有地名被使用。平安京从古代政治都市转变为中世日本的经济中心，其名称的改变也反映了这一社会现象。在转变的过程中，也伴随着迄今为止所施行条的坊制城市结构的解体。

第一章曾提及，平安京中平民所居住的街区，沿着周围的街道都围绕着围墙和侧沟，内部区域，只在东侧或西侧修建出口，是一个封闭的构造（称为二面町）。进入院政时期后，周围的墙被推倒，在南北两个方向也修建了出口。各个区域面向四周的街道都设置了出口，即从二面町过渡到了四面町（图3–10）。在条坊制时期，街道作为分界线，很大程度上是用来划分行政区域的，然

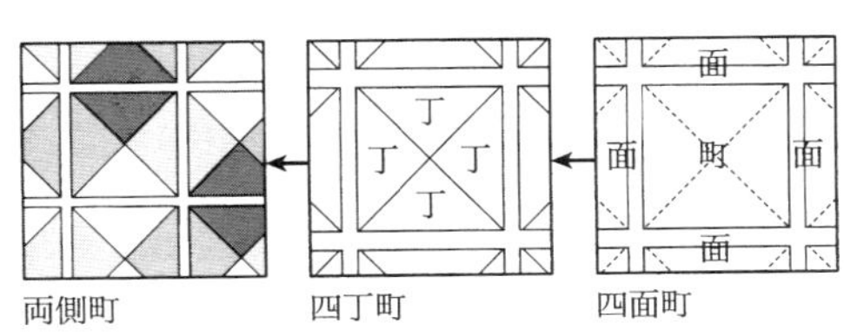

图3–10　町的演变图

而随着经济社会的发展，街道开始发挥其本质功能，开始成为都市生活中不可或缺的连接通道。

至今为止一直用条、坊、保、町以及四行八门等地区分割方式来表示地点，同一时期，地点的表述方式逐渐转变为今天京都所使用的方式，即将东西南北的街道名字组合起来用以表示地点，例如“大宫大路以西，盐小路以北，面向盐小路”等。这是因为随着四面町这种南北都设有出口的土地划分方式的出现，以及土地买卖的发展，至今为止规模均等的房屋用地开始出现大小不等的现象，而一直使用的地点表述方式已经不能再准确地指明地点、场所了。

除了朱雀大街、京极大路以外，大约从10世纪起其他的大小街道也开始有了名字。街道的名字曾多次发生变化，在院政时期才确定为今天我们在平安京地图上所见的街道名字。12世纪前期《掌中历》一书中曾记载到，左京中纵横交错的街道名字为“姐、三条、角、坊、锦……”。现在为了记住京都的街道名字所唱的“姐、三、六角、蛸、锦……”，便是由此演变而来的歌谣。

保（一坊有四保，一保有四町）是条坊制的组成单位，10世纪末期，保刀祢作为检非违使厅的末端组织开始出现。保刀祢中有中央、诸国的官人，或僧人、无位阶或官职的人，构成保刀祢的人的身份和阶层五花八门。保刀祢住在保内，保证保内土地买卖合法，取缔双六、赌博，负责保内巡夜打更等。检非违使在淀设立有监督作用的津刀祢，便是这一制度的延伸。

院政时期，保刀祢被重新编入新制度保检非违使中，他们在民事方面的工作由“当地居民（城市的土著居民）”担任。

民间故事中记载，一个父亲与他偷了瓜的儿子断绝了父子关系，“该町的长者”为此做了担保（《今昔物语集》）。正如其所说的那样，保刀祢拥有具备法律效力的担保能力，在检非违使厅的管理下，是承担着初步自治作用的重要存在。

热闹的町小路

进入院政时期后，大内里的东部，换言之左京二条路以北称为上边（上渡），二条路以南为下边（下渡）。上边是上流贵族的宅邸或诸司厨町（官府町）的聚集地。诸司厨町中有御仓町、织部町、修理职町、缝殿町、木工町等。织部司是生产宫廷用的高级丝织品的部门，由于律令制的官厅部门的缩小和停运，曾发生过谴责纺织工利用自己的织布机纺织绫锦、谋取私利的事件。这大概是因为织部司不支付他们薪水，纺织工不得不自食其力吧。律令制下的官营工厂利用积累下来的传统技术，来满足贵族或富裕阶层的个人需求。

诸司厨町是律令国家中官营工厂和仓库的所在地，也是工人以及官厅相关人士饮食起居的场所。所以一旦管辖这一区域的官厅荒废，外部的人员便涌入寄居在这里，或者以此为根据地生产外部所需物品并进行交易，呈现出一幅流动的景象。修理职町位于左京一条三坊三、四、五、六町中四町的位置（用现在的地点表述方式为“近卫以南，西洞院以东，中御门以北，室町以西”）（参考图1-1），是一个专司修理的厨町，负责内里的营造和修复的下级官人以及各种工人居住在这里。在宽治元年（1078年）以及康和五年（1103年）等年份中，频繁发生火灾，显示出当时住家密集，这也是该地作为从事工商业人们的居住区发展而带来的结果。

町小路（现新町路）是平安京中南北走向的小路中的一条，中间因为有修理职町的四町，所以被分为南北两段。南侧被称为町尻小路，在它与三条、四条大路相交的一带，是名为三条町、四条町的繁华街区。三条、四条作为商业区十分繁荣，毫无疑问这是住在修理职町的工人、手艺人依据自己的判断发展而来的结果。七条町在过去东市的东侧。在东市进行交易的商人居住在此，使其得到了进一步发展。除此之外还有油小路、针小路、盐小路、具足小路（现锦小路）、绫小路等以手工业物品名称命名的小路。

庶民住宅面向街道开门，关于它的具体建筑模式，可参考平安末期成书的《年中行事绘卷》。各临街人家屋檐相接，但并不是长排房屋的建筑形式。屋顶采取的是悬山双坡顶式设计，把板子铺到房顶上，用木头固定。房间内部一半是素土地面，另一半是用木板铺的地面。门设在素土地面一侧，是板门。在木板铺的墙壁表面上开窗，是密格吊窗（上半细格支窗）。店铺中在窗户处撑起棚子摆放商品。这个棚子叫做"见世（店）棚"，店就是见世棚的缩写[1]。墙壁的外侧铺有篾席（图3-11）。

图3-11　《年中行事绘卷》（田中家本）中庶民的住宅　田中家本指的是住吉如庆的摹本（参照233页）。（收藏于田中家）

1　日文中"見世"的读音和"店"相同。

第四章 京都与六波罗

——经历内乱和灾难

元历二年（1185年）七月，京都经历大地震，时值源平长期内乱刚刚结束之际，原本应该从全国各地上供而来的租税、年贡、劳役还处于中断状态，京都苦不堪言。官厅、寺院等主要建筑的修缮作业也被推后，受到的打击超出想象。

建久三年（1192年）七月，源赖朝受封为征夷大将军，史称源氏幕府或镰仓幕府。镰仓幕府具有相对独立的统治机构，以镰仓为中心，触角几乎延伸到日本社会的每个角落，是真正意义上的武家政权。

1333年，镰仓幕府灭亡。

《方丈记》中的五大灾祸

鸭长明在建历二年（1212年）完成了《方丈记》，序中他描述了无常世界中人和归宿的虚幻，并列举出他在二十五岁之后经历过的五大灾祸为例。五大灾祸指的是安元三年（1177年）的大火、治承四年（1180年）的旋风、同年的福原迁都、养和年间（1181～1182年）的饥荒，以及元历二年（1185年）的大地震。平清盛引发的治承寿永之乱（源平内乱），从1180年一直持续到1185年，前后大约为六年，在这期间发生了福原迁都和养和饥荒。

福原迁都是历史上的一个大事件，平家舍弃了四百年间住惯了的平安京，在摄津福原一带建造新都，控制了安德天皇的平家想要建立一个新的王朝，但最终没有成功，170天后返回了平安京。而养和年间的饥荒，虽然气候异常是诱因，但是由于内乱受灾的范围大幅度扩大，可以说人为因素有极大的影响。

这里简单介绍一下内乱发生的背景。院政时期，统治阶层热衷于建造寺院、塔楼，频繁地举办盛大的仪式或法会，由此产生的费用对于庄园、公领（朝廷御领地）一方来说负担过于沉重，因此不仅仅是百姓，庄官、在官厅中工作的官吏（指在国衙工作，负责地方行政的官吏，由当地实力雄厚的人就任）等领主层也疲于应对，产生了对中央的反抗情绪。在这种背景下，平家于治承三年（1179年）十一月发起政变，全盘掌控了国家大权，随后一扫反对派贵族，将日本六十六国中约半数藩国的知行权握在手中。不仅如此，平家还从摄关家夺取了大量庄园。由此，平家在中央政界孤立无援的情况下，将在那之前中央和地方之间积累的诸多矛盾引到了自己的身上。因此治承四年四月，后白河的皇子以仁王呼吁打倒平家后，叛乱便一口气扩散到了全国各地。这次内乱不仅仅是源平两氏的霸权之争，更体现了社会矛盾激化这一本质。

然而祸不单行，同年六月起便不再降雨，以西日本为中心，各地都发生了干旱的灾情，事态恶化到了“天下皆损亡”的地步（《山槐记》）。到了第二年，干旱和饥荒终于变得严重起来。由于全国各地都在发生叛乱，年贡、税租等都无法运送到京城。一本文献中曾记载道，“治承四年后，都城乡镇大乱，上下不通”（《九条家文书》）。战乱不仅给运输带来了困难，实际上越来越多的国衙[1]、庄园以战乱为由，怠于向京都上供。

《方丈记》中写道，“京城的生活，不管什么营生，全都得依赖农村，眼下丁点儿东西都没送上京来，谁能不乱了方寸[2]”，指出一旦地方不再向京都纳贡，那么以此维系的京城生活就会瞬间土崩瓦解。京都的百姓深陷饥饿边缘，饿殍不断。鸭长明将该惨状冷静且简明地记录下来，例如他曾写道，仁和寺的一位名为隆晓的高僧，悲痛于街头累累死尸，便在看到的死者额头上，用梵语写阿字诵经超度他们，这个数字单是左京便有42 300余人，如果加上右京或近郊就更没了止境，更不要说日本全国会是怎样一个庞大的数字了。

关键的是，饥荒在养和元年、二年之后并没有好转，而是仍在继续，庄园在战事停息后不上供的情况愈发严重。右大臣九天兼实在元历元年（1184年）秋天的日记中这样写道：哀叹干旱的声音充满城市和乡村，即便如此也无人举办求雨仪式，因为负担不起所需的费用，所以也就没人在乎国家的损

1 国衙，律令制下，设于各国的国司办公的衙门。

2 引自《方丈记》李均洋译本（2012年）法律出版社。

失，甚是悲哀。

元历二年的大地震

《方丈记》五大灾祸中最后一个列举出来的是元历二年（1185年）的大地震。平家在坛浦战败后灭亡，内战终于结束，然而在三个半月后的七月九日白天发生了这次大地震的主震。不必说，日本是世界第一的地震大国，到江户初期为止，在可考的文献史料中，记载的地震大大小小总计2 700起以上。平安京至今为止也经历过多次大规模地震，例如天长四年（827年）七月十二日、承平八年（938年）四月十五日、天延四年（976年）六月十八日等发生的地震，但元历二年大地震的受灾规模要远比以前这些大得多。

白河法胜寺的八角九重塔损毁得无法修缮，阿弥陀堂、金堂的东西回廊、钟楼、常行堂的回廊，以及南大门等处垮塌。平忠盛建造的得长寿院也被震倒。尊胜寺中，讲经堂、五大堂、围墙、西门坍塌，东塔的塔刹被震落了下来，最胜寺的药师堂、围墙也被震毁。山科的劝修寺的钟楼、藏经堂坍塌，其他寺院的塔堂也塌陷损毁。里内里闲院（稍后将会提及）的屋脊断裂。百姓住宅以及四周围墙的损毁不计其数。即便是延历寺，其中也多有堂舍坍塌倾斜，园城寺、醍醐寺，乃至远处奈良的唐招提寺都受到了波及。大地震过后通常会伴随连绵不绝的余震，直到那年年末为止人们都生活在惶惶不安之中。世间流传说这是因为平清盛怨恨平家灭亡，化作神龙引发了地震。

地震研究人员认为，这次地震的等级超过了阪神淡路大地震的7.3级，达到了7.4级，是琵琶湖西岸断层带的坚田断层运动所造成的。地震发生于元历二年七月，正值源平长期内乱刚刚结束之际。因为原本应该从全国各地上供而来的租税、年贡、劳役还处于中断状态，京都苦不堪言。官厅、寺院等主要建筑的修缮作业也被推后，受到的打击超出想象。这便是受灾严重的原因。

庄园制的重建

内乱结束后，便开始了庄园制度的重建。统治机构再建，削减年贡、公事负担等逐渐展开，短时间内实现了庄园统治的安定。另一方面，在内乱时期许多庄园名存实亡，步入镰仓期后无法对其再度支配，所以损失了不少庄园。后白河法皇划给长讲堂的九十座庄园中，根据其一览表显示，镰仓前期就已经不缴纳年贡、公事的庄园就有十三处。这些庄园被认为是无法快速恢复重建的庄园。值得注意的是，这其中的山内（相模）、青岛（甲斐）、仁科（伊豆）、富士（骏河）、大泉（出羽）等关东、奥羽的诸庄园，全部位于镰仓幕府的统治领域之内。换言之，东海道到远江（现静冈县西部），东山道到信浓，北陆道到越后，这些地方以东的地区全部被武士势力所统治。可以说这便是在中央和地方对立的背景下，全国内乱所带来的最终结果吧。

京都守护[1]与六波罗探题[2]

内乱结束后的文治元年（1185年）十一月，为了逮捕与赖

1　守护，官职名，镰仓幕府于1185年以逮捕源义经、源行家为名目而在各国领地设置。负责催促各地派遣守卫京城的武士以及对谋反人、杀人者进行检查判罪。多从有势力的御家人中任命，镰仓末期逐渐领主化。

2　探题，日本中世由幕府派遣到地方执掌政务、诉讼裁判、军事的地方长官。

朝对立的义经，北条时政等关东的武家势力进入京都。这便是京都守护的最初形态，随后也担任临时的职务如京中警卫、西国的监督、朝廷与幕府之间的联络等。京都守护的官厅设在六波罗，有的也设在赖朝在京都的宅邸或御家人的住宅中。平家没落后，其旧领地被赖朝吞并，由他进行管理处置。六波罗作为镰仓幕府在京都的活动据点，重新进行了编制，西八条处也建造了三代将军实朝的宅邸。由此向王朝势力和百姓们突出强调新旧武家势力的交替这个事实。

承久三年（1221年），发生了承久之乱。北条泰时、时房率领幕府势力攻入京都，直接住进了六波罗馆，处理起战乱后的遗留问题和庶民政务。这便是最初成立的六波罗探题，京都守护也随着它的发展而解散。探题首领有两个人，都从北条氏一族中选出，维护京都以及附近诸国的治安，尾张（现爱知县西部）、加贺（石川县大部分）以西的西国诸藩国的御家人为了能够总管相关的审判，就驻在六波罗。不过他们只负责较轻的案件，重要的审判需要在镰仓进行。此外探题还要负责与朝廷进行交涉。当时担任朝廷一方的窗口的是关东申次。继承这个职位的是西园寺一族，在承久之乱中西园寺一族通过行动获得了幕府莫大的信赖，代代升任为太政大臣，是稳坐于朝廷中心的大贵族。

六波罗探题府的四周围绕着宽和深都为3米的沟，内部设有北殿和南殿，分别为南北两探题的私宅，此外还建有被官（随从）们的宿舍。南殿位于六条大路末以北、大和大路的东侧，北殿当然就位于北侧了。《太平记》中记载，北殿有“北之门”和“东之门”。除此之外，六波罗探题府中还有将军在京都时居住的六波罗御所。也许这御所就是清盛的泉殿遗址。

关于东福寺，之后还会详细讲述，该寺中，本坊伽蓝的最南端是六波罗门。六波罗门是镰仓前期的建筑，是国家的重要文化财产。因原本是六波罗探题府中的建筑，后被移建到此处，所以被赋予了六波罗门这个名字。门上面有许多伤痕。元弘三年（1333年）五月，镰仓幕府灭亡，这些伤痕便是足利高（尊）氏率领倒幕军进行攻击时留下的箭伤。

此外镰仓时代，法住寺殿的镇守神社新日吉大社（现东山区妙法院前侧町）在小五月会时会举办骑射比赛。虽然最初这个比赛的目的是上皇为了检阅身边的武士而举办的，但在承久之乱后，六波罗探题府便让幕府的在京人（后述）来办了。

闲院内里与京都守卫武士

闲院是藤原氏继承下来的有名宅邸，进入院政时期后以内里为原型建造而成。仁安三年（1168年）成为高仓天皇的里内里，截至镰仓中期被大火烧毁为止，在这约九十年的时间里，闲院一直作为王家的正宅所使用，因此被称为历代的皇居。闲院位于二条大路以南，西洞院以西，油小路东侧的位置，包含南侧的中宫厅在内，南北占地约两个町（参考图1-1）。东西两侧分别是东三条殿、堀河院两座大宅，但这两座大宅都在平安后期全部被烧毁，到了镰仓时代已经不存在了。

内里守卫武士在院政时期和镰仓时代，担任内里警戒工作，在镰仓幕府的统治之下，御家人跟随各国守护（一国中由一名实力雄厚的御家人担任，负责该国的军事、治安等工作）来到京都，虽然随着时代的变化而有所不同，但基本是六个月或者三个月一交替地执行任务。任务的守卫对象正是闲院内里。事实上在这之前，平家在高仓天皇即位的同时，便起用自己旗下的御家人加强了对闲院内里的守卫工作。

镰仓时代的国政，除了以往的朝廷、贵族势力，以及延历寺、兴福寺等宗教势力之外，幕府势力也参与了进去。公家、寺家、武家三股势力之间虽然存在着各种矛盾和对立，但整体上来看还是稳定地构成了国家统治阶层（权门体制）。而幕府在治国方面的存在意义，便是担任国家军事治安部门。各国的御家人来到京都，保护天皇的人身安全，维护都内的治安，正是其存在意义的直观表现，也是平安时代内里守卫武士的雏形。基于这个事实，再考虑到其他一些因素，笔者认为平家是先于镰仓幕府存在的幕府，并将其命名为六波罗幕府。

那么内里警戒具体是什么样子呢。《古今著闻集》中收录了这样一则故事。顺德天皇在位期间（1210 ～ 1221年），侍奉某一贵族的下级侍从聚在一起闲谈时，聊到“内里的守卫武士（交替当值的人）”十分严格。这时其中一个人夸下海口，说他能够穿着高齿木屐从守卫的眼前通过，于是大家便打起了赌。高齿木屐是无赖的象征。一群人聚集在阵口，看着这个人故意穿上高齿木屐，沿着“二条油小路”向南走去。京都中包围着里内里三町四方的地方，是从大内里中挑选出来的特别的空间（又称阵中），阵口就是圈定阵中的大路小路的交叉点。不出所料“守卫武士”果然想要逮捕处罚这个人。于是这个人面不改色地说道：“兴福寺南圆堂的寄人[1]，可以穿着木屐通过阵口，身为守卫武士连这点事都不知道吗？”担任首领的守卫武士被他的气势震慑住，没有多想便随声附和，并用

1　寄人，平安时代后期，公领地、庄园的居民中，与非直属统治者的公家、神社及寺院结有身份关系，具有双重贡纳关系的人。

图4-1　**闲院内里遗迹石碑**　位于押小路路（照片近处）和小川路（远处）交叉点附近。在禁止车辆进入的标志底部，可以看到刻有“此附近闲院内里遗址”字样的石碑

带着方音的话制止了部下，最终守卫武士们放他通行。

故事中虽然能感觉到京都人把乡下武士当作傻瓜的讽刺意味，但是在这个故事里，闲院内里的西侧小路作为故事的发生背景，“守卫”在闲院油小路一侧的门及其附近警戒。闲院遗址现在位于和平宁静的住宅街区，蕴含内里气息的建筑一个也不存在。只是在押小路路和小川路相交的西北角，距离其稍远一点押小路的一侧，立着各种各样的石碑和告示牌，标明着闲院内里遗迹（图4-1）。南北方向的小川路位于西洞院大路和油小路之间，是随后建成的一条小路，东西走向的押小路也是纳入闲院后向南延伸出去的一条路，因此在闲院时代这个交叉点并不存在。换言之，石碑是建立在过去闲院的宅内。推测来看，宅内南端有一座带有水中岛的人工湖，大约在湖的南侧附近吧。

与押小路一侧的告示牌并排排列的是丰臣秀吉妙显寺城址的石碑。妙显寺是镰仓末期，为在京都弘扬日莲宗而由日像开基创建的第一座寺院，妙显寺经常搬迁，战国时代迁到了此处。天正十一年（1583年）九月，丰臣秀吉将寺院搬迁到寺之内小川（现上京区妙显寺前町），在原址处修建了二条新邸，天正十四年聚乐第建成之前，二条新邸一直是京都处理政务的机关。它的四周环绕着沟渠，并建有城楼，与其称其为宅邸，不如称其为城楼更加合适。京都无论何处都有历史重叠的痕迹。

在京人与篝屋

在京都居住的御家人中，除了身为守卫武士上京而来的人之外，还有其他人。这些人便是在京人、篝屋守护人、六波罗评定众。篝屋守护人原是关西以西周边国家的地头御家人，常驻在京都。篝屋遍布京都，在六波罗探题的指挥下，篝屋守护人驻扎在篝屋，担任京中的守卫工作，评定众是六波罗的法庭，对诉讼相关的案件进行审理，由此免除了守卫的职责。篝屋在京中四十八处地方设置了守卫室，因为夜间要点篝火所以被称为篝屋（图4-2）。最初设置篝屋是在历仁元年（1238年），正值四代将军赖经上京之际。篝屋守护人是六波罗探题重要的军事力量，也是守护京都的核心。这些在京的幕府势力主要聚集在室町小路和油小路之间的六条大路一带，以及东京极、东洞院、三条、五条大路所包围的区域，此外还有六波罗附近的三个区域内集中修建了住宅。

进入镰仓中后期后，将军权力的代理行使人执权[1]变得有名无实，开始逐渐远离政治中心。取而代之发挥力量的是得宗。得宗年轻的时候曾当过北条嫡系（北条义时为直系）一派的家长，这一嫡系曾担任过幕府执权。得宗在众多北条氏族中也是杰出的，六波罗探题从紧随其次的旁支家族中被选拔出来。

在京人中多数是东国实力派御家人的庶系，或西国实力

---

1 执权，镰仓幕府的政所长官，辅佐将军、统辖政务的最高官职。

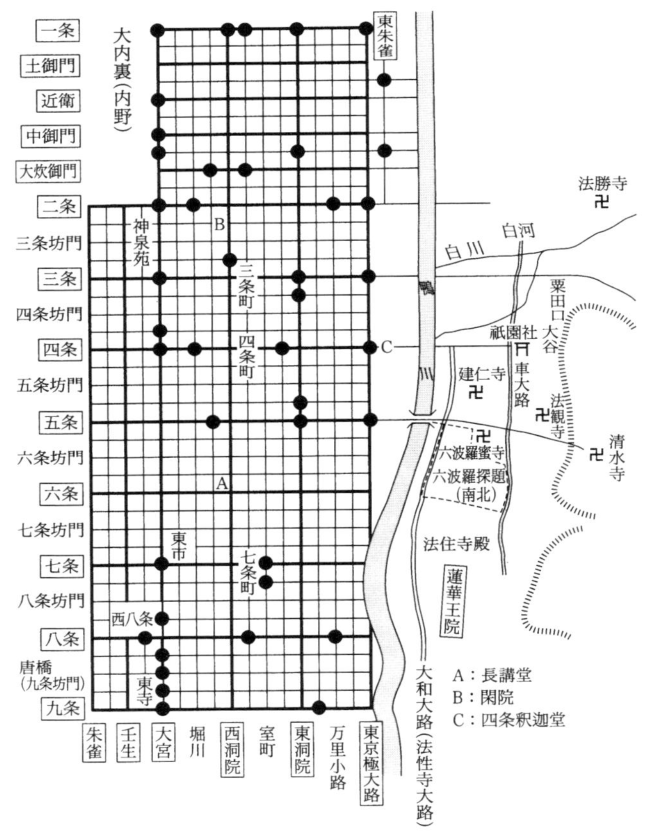

●是依据众多史料得出的篝屋设置地点的明确位置

街道表示中，大路用□框起来表示

图4-2　镰仓时代的京都（原图：野口实，一部分有更改）

派御家人。到了镰仓末期，在京人在探题实力派被官[1]（侍从）的指挥下，担任维护治安的职务。探题被官是探题旗下的私兵，不过是将军的陪臣（家臣的家臣）。在京人作为直接侍奉主公的御家人，从这一点上来看形式上应该与身为探题的北条一族同等级别。而现在却被探题的侍从颐指气使地使唤，委实无趣得很。为了镇压西国的反幕府势力，从关东派出足利高氏，却响应后醍醐天皇成了反幕府势力，在京人也加入其中，成为促使六波罗探题灭亡的原动力。

小早川氏与实平墓地

篝屋守护人中有一个名为小早川的人，他是出身相模的武士土肥实平的后代。土肥实平在赖朝举兵和讨伐平家的时候立有大功，因此实平的儿子拜领了安艺国大庄园沼田庄园（现广岛县三原市）的地头一职。本家土肥一族在幕府内的政治争斗中落败，变得一无所有，但嫡系的小早川一族却在安艺国有很大势力。当家的茂平和其后继者将沼田庄园的经营管理交托给族人和郎等[2]，常驻在京都。茂平不仅是幕府御家人，而且还经常造访大贵族西园寺一族。西园寺一族在京都中拥有包含绫小路东洞院在内的六处房产。其中七条大宫的篝屋和八条大宫的西南角一处备受瞩目。因为穿过这两处篝屋的大宫大路和东京极大路一样，都十分重要。八条大宫过去可能也是分给小早川氏的篝屋。

除此之外，在东山三十六峰中灵山（灵鹫山）上，小早川氏在平坦松沃的一片地上建有祖寺，这是享有荣耀的祖先土肥

1　被官，日本中世纪，服务于上级武士并成为其家臣的下级武士。

2　郎等，中世武家社会中武士身份的家臣。

实平的墓地，世世代代为其祈福供养。灵山地处高台寺山与鸟部山之间，当时周边都是坟墓。笔者为了研究沼田庄园，去了当地进行考察。从灵山半山腰处眺望远处，景色十分宜人，且不说京都的市区，就连岚山、淀川，以及大山崎一带都能够一览无余。然而最令我惊讶的却是当地经营的茶馆中挂着的一张照片，照片是用超长焦镜头拍摄的大阪城天守阁。可以想象，镰仓时代，在空气澄净晴空万里的时候眺望西南，便能看到淀川穿流于大山崎与八幡之间，那遥远的尽头是难波的海水，在阳光下熠熠生辉。

这给我留下了鲜明的印象。“眼前所见的那片海的彼岸，便是由实平大人杰出的功绩换得的沼田庄园，我们绝不会怠于治理，还请放心。”在此处修建墓地，倾注了其子孙后代的深厚情感，尽管这一点无法证明，但我仍旧深信不疑。当时我三十五岁左右，重新感受到了在历史研究中实地考察的重要性，每天都过得充实而快乐。

大内里的荒废

安元大火中大内里损毁得十分严重。因此至今为止一直认为，在此之后八省院都没有重新进行修建，内里虽然在大火后还有一部分残存，但在承久元年（1219年）终于化为灰烬。之后虽然也着手重建，但中途在安贞元年（1227年）殿舍诸门全部被烧毁而荒废了下来，这也加快了皇宫从以前便开始的衰败荒废，大内里最终变成了被称为内野的一片荒废原野。

但其实事实并非如此。八省院在大火之后立刻着手计划重建，并且也开始相应准备，但后来由于平家的福原迁都一事而没能实现。内里到废弃为止，由赖朝进行过修缮，仅大型修缮便有四次，小型修缮更是有很多次。当然，内里是一副废弃的状态，大内里中的官厅、设施也免不了荒废下来。皇宫中变成了“车马之路”、“杂畜牛马”散放的地方，后鸟羽院也在这里玩起了犬追物[1]，皇宫被在京御家人当作马场来使用（《明月记》、《吾妻镜》等）。小偷屡屡造访藏宝库，诸司的门也因为风灾水害而一个个倒塌下来，失去了本质作用，此外火灾也接连不断。虽然如此，但大内里的崩坏，还是要从天皇主要转居里内里的时候开始算起，那时官僚制度、政务实务的处理方式都发生了转变，大内里中曹司的利用率也急剧减少，因此没有必要也没有热情再去维修大内里了。

太政官厅的持续

并不是大内里中所有的官厅、设施都荒废了下来。内里废弃后，太政官厅、神祇官厅、真言院、朱雀门的修建、修缮工作仍在继续。作为其结果，到了15世纪中叶，除了朱雀门之外的其他三处与神泉院并称为“大内灵场”、“四处灵场”，据说其“四周十分特殊地建有围墙，并设有门”（《东寺百合文书》）。朱雀门和周边大围墙的修缮工作也一直持续到镰仓末期。这些固执地进行重建、修缮的建筑物中，太政官厅就是其典型代表。

太政官厅之所以引人注目，是因为它是举行天皇即位仪式的场所。自从平安时代初期以来，每逢新天皇诞生之际，便要通过践祚（让位）仪式来继承皇位，向天下宣告天皇通过即

1　犬追物，骑马武士纵马以弓箭射犬的武术，骑射三种之一。

位仪式继承了皇位这一事实。即位仪式按照元日朝贺仪式的规格举办，具有非常浓厚的中国色彩。而其举办场所便是八省院（大极殿）。平安中期之后，主要在内里处理政务，随后开始在京中各公卿的私宅中处理政务，八省院便逐渐演变成专门举办仪式，特别是皇位继承仪式的场所了。因此在八省院以外的地方举办即位仪式的只有阳成天皇（由于大极殿被烧毁所以改在丰乐殿）、冷泉天皇（因患有心疾所以在紫宸殿举行）、后三条天皇（因大极殿和紫宸殿都被烧毁所以在太政官厅举行）这三个例外。

但平安最末期八省院不再存在，自从后鸟羽天皇在太政官厅即位后，在太政官厅举行即位仪式便成为惯例，这一直持续到宽正六年（1465年）后土御门天皇即位为止。太政官厅会被选为即位仪式的场所，不仅是因为它在安元大火中残存下来，还因为它已经失去了作为处理政务的场所的重要作用，从以前开始就成了年中庆典等仪式的举办场所。太政官厅作为一个举办仪式的场所，仅次于八省院和内里的紫宸殿，此外它位于八省院东侧，虽然规模较小，但正厅、东西厅之间由回廊相连，殿舍呈“コ”字形布局，这与大极殿中苍龙、白虎两楼的布局相似。

虽然如此，但想要将太政官厅作为天皇即位仪式恒定的场所，对于中世的贵族来说，还需要更加实际的理由。而这大概是因为，首次在此即位的后三条天皇，被强烈地认为是天皇即位的佳例吧。上一章开头的部分曾写道，后三条天皇是从御堂流手中重新夺回王权的天皇。对于平安末期的贵族来说，后三条天皇是维系至今的王家、王朝的始祖。所以理所当然，这个先例是十分重要的依据基准。

大尝会与八省院遗迹

大尝会是一个和式的祭典，是天皇继承皇位仪式最后的一个漂亮收尾。当时大尝会因为即位仪式的原因倍受重视。新尝祭上，天皇将新谷的初穗上供给天皇的先祖各神，天皇本人也尝食新谷。大尝会的内容与新尝祭相似，天皇在即位之后最初大规模举办的仪式便是大尝会。

大尝会中最主要的活动便是在大尝宫举办的仪式，从一一月卯日的后半夜一直延续到第二日的辰时。天皇在八省院的中央的庭[1]（朝廷）上建造悠纪殿、主基殿，用以举办仪式，天皇先祖各神将降临该处，天皇与其相对开始尝食神馔（新谷），过去天皇还要躺在寝具上，作出与祖先神灵合体再生的动作。通过这样的仪式，才能得到天皇这个新身份。悠纪、主基两宫每逢大尝会都要重新修建。所以过去即便八省院或者大极殿被烧毁，只要被朝堂环绕的广场还能使用的话就没关系。因此镰仓时期以后，在八省院旧址的位置也依旧在继续修建大尝宫。

除此之外在镰仓时期以后，皇宫中还有继续存在意义的便是神祇官厅和真言院。前者是举行王权相关的祭神仪式的地方，后者是举行后七日御修法的场所。这两种仪式与太政官厅举办的御斋会（每年正月八日到十四日之间举办七天的法会，为祈祷国家安宁、五谷丰收，各宗派中的学僧对金光明最胜王经进行讲解和说明）相结合，从密教、显教两个方面出发为天皇的身体安康祈福。

太政官厅独自屹立在空旷又寂寥的皇宫中，而在这里举

1　庭，特定场所。举行庆典活动的地方，泛指古代时祭神、办理公事的场所，或为生计而进行狩猎、渔猎、耕种等的场所。

行的即位仪式，若是照实来说已经远超过了朴素这一个词，难免让人有种凋落势衰之感。在野草丛生的旧八省院的庭中，以及刚才提及的临时在大尝宫中举办的祭神仪式，也有种不可思议甚至可笑的感觉。说是惯性也好，这些仪式必须在旧大内里中举办，由此可以看出，这个空间所拥有的巨大磁场，上到天皇贵族下到黎民百姓，中世人的思想都被紧紧束缚其中，而这束缚的力道，气势逼人地被传承了下来。大抵这就是所谓的四百年的重量吧。

朱雀门与宫外墙

中世的朝廷，即便不再重建八省院，也仍在反复修缮宫中南面正中央的朱雀门和宫外墙。延久三年（1071年），临时新设了“修理左右宫城使”一职，负责大内里城墙的修复工作，这个职位一直到镰仓时代中期，都履行着实质职能。平安时代的内野是在大内里中有计划地归化出的一块空地，但到了镰仓、室町时代，内野已经遍布荒废的大内里。正是因为有朱雀门和宫外墙这样的分隔，才有二条以北是“内”的概念。朝廷之所以如此坚持对其的维修，是因为就像戏剧中的布景一样，即使只有正面也要让人感到大内里的威严庄重，具体来说这与大尝会的举办有着密切关系。

大尝宫在卯日举办祭礼时，要从皇宫北侧的斋场所，将包含新谷在内的贡品搬运到大尝宫。行列中有提供新谷的悠纪国（近江）以及主基国（丹波与备中交替担任）的相关人员参加，走在最前面的是祭礼彩车。其中立起来的悠纪和主基的标木，高有6米以上，起着记号的作用。彩车上有许多用来庆祝的装饰物，凝聚了风雅的匠心，由多位拉车人牵引而行。彩车上带车轮，可以说是祭礼山车或祇园祭的戈山彩车的原型。祭礼队伍从祭场出发，悠纪、主基左右分开，各沿着东西大宫路向南而下，随后沿着七条大路来到朱雀大路，由此北上进入朱雀门。场景非常壮观热闹，身份显贵的贵族也驾车前来观看。

大尝宫举办的祭神仪式是严肃且私密的仪式。与此相比，牵拉着彩车的仪式可以说是为庆祝而举行的仪式，两者之间形成了奇妙的反差。作为显示大尝会的祭典，从这一点上来看，实际上天皇的即位仪式也十分引人注目。建久九年（1198年）三月三日，年幼的土御门天皇出席即位仪式，到达太政官厅的时候，堂上堂下聚满了前来观看的百姓，人数多到了摄政近卫基通需要下命令驱赶的地步（《三长记》、《猪隈关白记》）。

神护寺与高山寺

神护寺位于右京区高雄，清泷川沿岸。古时曾被称为高雄寺、高雄山寺。神护寺从平安时代以前开始，便信奉山岳信仰，在平安时代初期，是和气氏族的祖寺。最澄、空海回日本后在此举办密教仪式，但在这之后神护寺却快速衰败下来。平安末期，曾为武士的文觉法师来到此处参拜，哀叹其荒废衰败，为了复兴神护寺向后白河法皇提出进献庄园的想法，并在寿永二年（1183年）获得允许。随后源赖朝也向其进献了庄园，神护寺各个寺堂的修缮工作几乎得以完成。但在赖朝去世的正治元年（1199年），文觉被流放到佐渡，神护寺的修缮工作交由东寺负责。神护寺作为密教美术作品的宝库广为人知，寺中的两界曼荼罗（高雄曼荼罗）是空海从唐朝带回来的同一幅作品的忠实摹本。此外，寺中还藏有日本肖像画史上的杰作《传源赖朝像》等三幅肖像画，十分有名，但近年来对于肖像画中人物的名字却产生了争议。有学说认为画上的人物分别是足利直义、他的兄长尊氏，以及尊氏的儿子义诠，是一个十分具有冲击性的新学说。

高山寺位于高雄东北偏东方向的栂尾。相传开基于平安时代中期，建永元年（1206年）明惠高弁重新将其振兴，将寺号改为高山寺。明惠将荣西从南宋带回来的茶种种到栂尾山中，与当地的土质相合，不久便传播到了宇治等地。高山寺的茶园中现在仍在继续种植茶树。高山寺中，除了《鸟兽人物戏画》等之外，还藏有许多贵重的文书典籍。栂尾与建有神护寺的高雄、有西明寺的槙尾并称为京西三尾，作为红叶之乡享有盛名。

知恩院

从宗教史上来看，镰仓时代被描绘成了一个新佛教（中世佛教）的时代，新佛教从旧佛教（古代佛教）的限制中摆脱了出来。但是近些年的研究发现，“旧佛教”以密教作为基础，统合了佛教诸多宗派以及神祇信仰，作为与国家权力有着紧密联系的正统宗教，“旧佛教”制定了占有压倒性的宗教秩序。与此相比，镰仓“新佛教”则是否定体制的异端，受其刺激的显密佛教觉醒（尊重戒律等），则被认为是体制内改革的行为。

法然房源空就是异端之一，他认为念佛是阿弥陀所选择的唯一的往生途径，因此除了念佛以外再无其他往生途径（专修念佛），对于建寺造塔一类的杂修杂信仰的宗教价值，法然持否定态度。由此法然受到了显密佛教的激烈镇压。法然三十余年在东山结庐专修念佛，知恩院便是东山的“大谷禅房”。法然去世后埋葬在他住处的东侧山崖上，他的弟子每月在法然忌日的这一天聚集在庙堂里，举办“知恩讲”。庙堂在嘉禄三年（1227年）被延历寺的僧众们毁坏，但在文历元年（1234年）又被感叹其荒废衰败的弟子重新修建了起来。之后这座庙堂作为祖师仙逝的灵迹，以及供奉其尊像的场所，成了将法然尊为宗祖的净土宗的核心寺院。知恩院的名字据说也源自“知恩讲”。

建仁寺与东福寺

“旧佛教”可以理解为显密佛教，依据这个理论，禅宗则可以归到体制内改革一派。荣西两次渡宋之后，于建仁二年（1202年）在鸭川东侧、四条南的地方建造了建仁寺。他回避了与显密势力的纠纷，将建仁寺建造成一个并修禅、天台宗和真言宗的道场。即便如此荣西仍受到了显密佛教的责难和攻击。文永二年（1256年），从宋朝东渡而来的兰溪道隆入住建仁寺，担任寺中住持，由此建仁寺终于成了一个纯粹的修禅道场。

从东福寺的通天桥向远处望去，能够看到溪谷中漂亮的红叶，因此近些年来东福寺声名鹊起。平安时代中期，藤原忠平曾在这一带建造过法性寺。嘉祯二年（1236年）关白九条道家发愿，想要在位于其东北方向九条家的山庄（月轮殿）处建造一座寺院，并分别取了东大寺和兴福寺中的一个字，将其命名为东福寺。延应元年（1239年）开始建造佛殿，弁圆继承了中国径山无准师范的佛法后回到日本，道家听说了他的名声，便在宽元元年（1243年）东福寺开山时招揽了他。

道家死后建长七年（1255年），东福寺落成，但寺内所有祠堂竣工却是在文永八年(1271年),东福寺的建造自发愿以来耗时三十五年,是镰仓时代藤原一族倾尽全力的大工程。东福寺与建仁寺一样,是三宗兼修的道场,但寺中建有佛殿、法堂、三门、僧堂、库里、浴室、东司(厕所)等禅寺七堂伽蓝。寺中长老以下的僧人中,学习中国禅僧众也占有压倒性的比例,可以说东福寺基本上是一座禅宗寺院。弁圆强调,禅宗宗旨是跨越自古以来佛教各宗派的界限,不附属于任何一个宗派。他宣称禅宗与显密佛教不属于一个体系,可以明显看出他想创立禅宗佛教的意图。

弁圆的弟子中有以谣曲闻名的自然居士。自然居士一类的低级宗教信仰者,或身份卑微的艺人(例如放下师[1]、虚无僧[2]等)对于禅宗是这样理解的:有些人以打猎杀生来维持生计,对他们而言修行和学问都没有用处,禅宗是能够使他们成佛,允许他们怠慢神佛的宗教。室町时期的禅宗,接受了武家的保护,是体制内的佛教,以难以理解的禅的思想和高度发达的文化、艺术性为特点。但是这个时期的禅宗也包含随后被舍弃的要素,即拥有——虽然延历寺抨击其为“时代的妖怪”(《山门诉申》),但民众却广为接受的——作为反体制异端的一面。

1976年,在韩国全罗南道新安郡冲近海一带的海底发现了一艘沉船。这是一艘中国元代的商船,1323年从宁波出发,途经日本想要到达冲绳和菲律宾,但却在中途遇难。船主是

1 放下,日本的一种街头表演技艺,中世至近世初期,称为“放下师”“放下僧”的民间艺人在街头表演耍球、抖空竹等杂耍,或边击双板边唱“放下歌”。

2 虚无僧,有发托钵僧,戴着称为“天盖”的深斗笠,把脸遮住,颈系袈裟,吹着尺八游历各地修行。

居住在博多附近的中国商人和实力雄厚的日本商人，船员由日本、中国、朝鲜三个国家的人组成，运送的是一些中国陶瓷器和铜钱等物品，数量十分庞大。从发现的木简上可以看出货主之一曾在东福寺居住。文保三年（1319年）东福寺被大火烧毁，贸易所得的利润大概是用在东福寺的再建上了吧。

七条町等的发展

平安后期出现的四面町在13世纪中，与铺面房商业的发展相互作用，逐渐演变为四丁町（参照图3–10）。四丁町虽然外观上看来与四面町没有不同，但四面町是一个区间（即为一个町），有东西南北四个面。而与此相对，四丁町中的“丁”指的是一个住宅群，面向四周街道，各有不同，“丁”作为城市经济的基本单位，是支撑京都发展的基础。

前文曾表述，平安末期京都的东西市衰败，越来越多的商人开始在町尻路（现新町路）和三条、四条、七条大路的交点处开设固定的店铺。刚进入镰仓初期的时候，检非违使的长官会驱赶七条路上的集市。检非违使因为很早便吸收了京职[1]的职能，所以有管理集市的权限。被驱赶走的商人们重新回到稍微落后一些的三条、四条大路一带，并集体居住下来。居住在三条、四条大路的商人们在安元大火后被烧得无家可归，而七条大路一带铺面房商业又逐渐发展起来，因此商人们开始向七条大路附近转移。虽然检非违使压制七条集市发展的政策，是为了保护不景气的东市，但结果却是促进了三条、四条大路的重新繁荣。

1　京职，在律令制中分为左京职、右京职，是负责京都的司法、警察、民政等的官署。

这之后以町尻路为中心的三条、四条大路附近每隔数年就发生一次火灾。但反过来说，这一带的再建也非常迅速，房屋十分密集。七条町也早早地复兴起来，镰仓时代中期这里“高利贷人不计其数，商贾（商人）满员，天下财富全部聚集于此”，形成了富裕的商业街区（《明月记》）。工商业从业者通过委托大藏所或大型寺院神社，可以获得供御人、神人[1]、寄人等身份，作为侍奉的回报，可以得到保护、自由出入诸国等特权。

“土仓”一词原指的是土作墙壁的仓库式建筑，中世则被用来称呼金融行业从业者。富有的商人们修建土仓，将其作为保管商品和财物的仓库。与他们有联系的人，为了防止财产因火灾或偷盗而遭受损失，将财产寄存在仓库里，金钱方面的通融则作为担保（质押品）开始出现。土仓大多与富有的酒铺一同经营，因此被称为酒铺土仓。人们用街道的名字“黄金中务”来称呼七条町上最富有的人，文历元年（1234年）八月三日发生了一场大型火灾，火灾的第二天，这些富人们便早早地开始重建烧毁的店铺，并在大路

图4-3 土仓和受难者 《春日权现验记绘》，部分（收藏于宫内厅三之丸尚藏馆）

1 神人，平安时代至室町时代，在神社协助处理祭神活动、社务或杂物的低级神职或寄人。

上搭帐篷为受灾的同行业者提供“饭和酒菜”，十分令人震惊（《明月记》，图4-3）。

如果用条坊制来看的话，七条町一带则位于左京八条三坊内，南部在现JR京都站内。1990年，事前发掘调查与新建车站大楼，以及之前便计划的站前区域再开发同时展开，取得了丰硕的考古学成果。

镰仓时代到室町时代中期的遗迹、遗留构筑物高度密集地集中在这片区域。其中镜子、佛具、刀具、钱币铸模等铸造相关的遗物大面积出土，由此可以推测出这片区域在中世时是一个大型的工业基地。钱币铸模就是“模铸钱”的铸模，此外出土的还有翁坑遗构、炉子遗迹，以及大量的涂漆碗等，在这片区域的西侧还发现了被土埋起来的墓地。模铸钱是仿造中国钱币由民间铸造而成的钱币。这并不是造假币，当时日本主要从中国进口钱币，但到了室町时代，钱币的进口数量无法满足市场需求，因此日本开始自己铸造钱币。此外该地区还发现了佛具，大概与它旁边的七条佛像铸造所有关吧。平安中期以后，将建造佛像的匠人称为大佛师、小佛师，大佛师除了有东寺等官办的佛所，在自家的宅院当中也建有工作室，大佛师有时会接些私活，与数十名弟子一同铸造佛像。定朝修建了平等院阿弥陀堂（凤凰堂）的主佛，据传他的佛所位于七条东洞院处。镰仓时代后期，七条大路上修建了许多佛所，除此之外在大宫、三条、五条、万里小路等的佛所也被人熟知。

一遍上人入京

一遍出身于伊予国豪族河野一族，是法然的曾徒孙。在熊野本宫闭关得到灵验，一旦众生转世到极乐世界，一遍就会做预知梦。此后一遍学习前人空也，向百姓们宣扬念佛踊，即将南无阿弥陀佛六字名号分成段来唱，并随着拍子跳舞的念佛方式。一遍一边分发刻有“南无阿弥陀佛 决定往生（即一定会转生到极乐世界）六十万人”的牌子，一边游历于各藩国之间，因此被称为游行上人、舍圣。

图4–4 一遍在四条京极大路的释迦堂分发牌子
画中央穿黑衣的是一遍《一遍上人绘传》部分（转载自国立国会图书馆网站）

游历期间，一遍一行人于弘安五年（1282年）沿着东海道向西行，进入京都。一行人首先拜访了四条京极的释迦堂，受到了上到贵族武士下到平民百姓的热烈欢迎。《一遍上人绘传》记录了一遍的生平事迹，其中描绘了一遍跨坐在他人肩上分发牌子的画面，场面十分混乱（图4–4）。释迦堂位于现在寺町路和新京极之间，在染殿院（染殿地藏）的位置，这之后时众四条派在这里建立了总寺院金莲寺。现在面向新京极路有一座石碑，上面刻有“时众开祖一遍上人念佛赋算（发放牌子）”的字样。

接着一行人去了乌丸五条的因幡堂，三年前一遍曾拜访过这里，当时想要在此借宿一晚却遭到拒绝，因此在檐廊下面野宿了一夜。之后又依次去了悲田院、神泉苑内的莲光院，从东渡过鸭川后返回，拜访了在谣曲《自然居士》中出现的东山云居寺后，向着空也建造的六波罗蜜寺行进。对于认为“空也上人乃吾辈先达”（《一遍上人语录》）的一遍来说，六波罗蜜寺是一个无论如何都要去的地方。最后一遍一行拜访了空也的遗迹市屋道场。道场位于现在七条堀川西北方向，西本愿寺的南半侧附近。《一遍上人绘传》中描述了这样一个画面：在木板屋顶高地板式的舞蹈房中，一遍敲打着圆形的撞钟，以他为中心一行人跳着念佛舞，从看台到地上聚集了好多人在好奇地观看着。一行人还顺便去了京外的桂，在这三十六日间，前来结缘的人络绎不绝。

巷所

进入镰仓后期，大尝会的拉山车路线缩短为由大宫路来到二条大路后再到朱雀门。这是因为右京的土地耕地化现象日益严重，朱雀大街已经失去了作为道路的功能。原本平安京中的大小街道使用程度就很低，据传早在平安前期，朱雀大街便已经成为白日里饲放牛马、夜晚盗贼聚集的地方。普通街道两旁的侧沟中也种上了雨久花、水芹、荷花等植物，导致侧沟变宽，削减了道路的面积。

居民将平安京的街道变成住宅用地或耕地，这便是巷所。当然朝廷命令京职或检非违使制止这种行为，但是巷所现象并没有停止，朱雀大街到了平安末期也变成了“两侧挖掘沟渠往来不便，道路被侵占用作耕田”（《兵范记》）的模样。14世纪初，朝廷放弃了禁止巷所行为的原则，贵族中御门家（右京大夫）、坊城家（左京大夫）变成了各个巷所的所有者，以确保巷所的存在。两个家族本是世代担任京职之长的氏族，一直禁止巷所行为，但现在却突然一变，巷所反而成了他们的收益源头。

由于朱雀大街的荒废，京都的西边界变成了大宫路，除去商业区极度缩小的战国时代，这种现象一直持续到明治、大正时期。大宫路以西的地方都被变作耕地，平安时代中期以后，摄关家（近卫家）修建了名为领小泉御厩（之后的小泉庄园）的庄园，便是其中一个明显的例子。该庄园的覆盖区域与江户时代的西院村几乎重合，占了右京区的东南一带以及中京区、下京区的一部分，现在阪急电铁奔驰在其东北（现西院站附近）到西南（现西京极站稍前方）的对角线上。

京都的非人们

过去在江户时代（近世），统治阶层为了维持士农工商的身份秩序（民众发泄不满的对象），四民之外在制度上又设置了秽多、“非人”一类的贱民身份。通过后来的研究发现，这种说法至今已经不再成立。因为贱民身份是中世社会中自身孕育出来的产物，在近世新身份编制的安排下，贱民中的一部分被编入了秽多和非人两大身份之中。接下来笔者将简单地介绍一下中世贱民身份的形成，以及他们在当时最大的群居地——京都——的生活方式。

日本中世社会中，“家”是各种社会团体（组织）的基本组成单位，而拥有一个家则是成为一个有身份的人的基本前提。“家”由两个要素组成，一是由家族或无血缘关系的人、侍从组成的集团，二是生产经营所必需的设备和家庭财产。鳏寡（失去配偶的男女）孤独（孤儿、老而无后、无依无靠的人）、患有疾病的人、残疾人等不具备拥有“家”的生活条件，从由家组成的共同体（村落或街道）的存在上来看，上述社会方面、经济方面的弱者就被当成了负担、多余的人，有意识或无意识地成了疏远、排斥、驱逐的对象。

在京都的边缘地区，例如鸭川的河原或清水坂、莲台野等地，许多从京都城内或周边各国的村落中被驱逐出来的人都聚集在此处居住，这些人统称为“非人”，形成了“非人”集团。他们主要是通过乞讨，或者垄断“京都上下街区”的送葬行业来维持生计。中世人歧视聚集在京都周边的“非人”，并根据其居住位置的不同，将其分为清水坂“非人”和河原者等。

从平安时代最末期到南北朝时期，清水坂周边的人口增长十分显著，但实际上大部分是“非人”人口的增长。清水坂“非人”集团由多重结构组成，内部最高层是长吏和地位稍次的有势力的“非人”（也称为长吏的下座），接下来是普通的乞丐和残疾人，最底层是重病人（麻风病等重度皮肤病患者）。“非人”的集体居住地被称为“宿”，与清水坂相提并论的是附属兴福寺、地处奈良北郊的奈良坂，两者都将散布在近畿各地的“非人”宿纳入了自己的旗下（本宿——末宿）。从承久之乱以前到宽元二年（1244年）之间，奈良坂和清水坂就经常发生包括武力冲突在内的各种纷争。虽然本质上这是两坂在争夺末宿，但实际上也与延历寺的动作有关联，延历寺想要趁此机会拉拢一部分的清水坂“非人”，将兴福寺的末寺清水寺纳入自己旗下。

行政上管理“非人”的，便是与王家有直接关系的特殊官厅检非违使厅。到了室町时代，幕府继承了检非违使的权限，所以这个角色便由幕府的侍所扮演。在检非违使或侍所直接、间接的指挥下，“非人”们负责污秽以及被人厌弃的城市垃圾的处理、路面清扫、刑罚的执行（罪＝祛除污秽）。换言之，由于“非人”们负责的是清除城市污秽的工作，所以他们自身也被认为是被污秽“污染”了的存在。

在这期间也有类似这样的例子，例如文保二年（1318年），后宇多法皇命令检非违使厅从居住在东寺附近的“非人”中挑选出15人，作为扫除杂役进献给东寺，并赋予他们指使“非人”的权利。此外还有属于祇园神社（本寺为延历寺）的犬神人（清水坂“非人”中的势力阶层）、葬送法师（被视为卑贱的职业下葬人）等例子。“非人”即便同属于祇园神社，仍旧要与普通的神人有所区别，即“不是人的东西”，换言之不得不称他们为犬神人。

随着时代的迁移，在从事的行业方面，“非人”内部出现了各具特色的手艺人。例如居住在洪水多泛滥的河原一带的“非人”中，有些人掌握了土木技术，在室町时代作为造园匠人广为人知，称其为山水河原者。还有一些人（秽多等），他们不得不一直从事诸如处理牛马尸体或皮革生产等被视为卑贱、不洁的工作；此外还有属于阴阳师一脉的艺人声闻师们，负责各种巫术相关的工作以及杂艺表演，他们的活动也都十分引人注目。

第五章 武家之都——从南北朝到室町

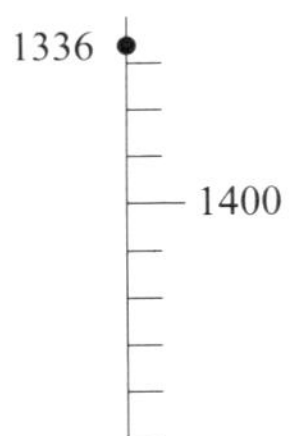

建武三年（1336年）十一月，足利尊氏制定《建武式目》，创立了室町幕府。

足利义满（1368年至1394年在位），室町幕府第三任将军。从义满时代到其子义持、义教（六代将军）时代为止，文化史上称其为北山文化，名字源自北山殿。北山文化的主要舞台是五山禅院，禅僧之间受中国宋、元影响的汉文学十分繁荣。这便是五山文学，梦窗门下的义堂周信、绝海中津的兄弟和弟子是五山文学的代表人物。如拙、周文等画僧以相国寺为据点展开活动。周文在吸收了宋、元的水墨画画法后创建了山水画的新样式，并传授给雪舟等人。

镰仓还是京都

足利尊氏虽然在打败镰仓幕府一事上立有大功，但在后醍醐天皇的建武新政权中却被排挤在外，没有得到重要职位。因此建武二年（1335年），足利尊氏背负着对现状不满的各国武士们的期待，背叛了新政权举旗造反。足利尊氏从镰仓打到京都，但在第二年战败后退回九州，虽然如此，他却将全国激进派武士的大半势力收归旗下，在这一年中一个个击破后醍醐一方的实力雄厚者，将畿内纳入自己的势力范围。同年十一月，足利尊氏制定了《建武式目》，创立了幕府。

《建武式目》与普通法令不同，采用的是尊氏咨问、法律专家或旧镰仓幕府的奉行人（衙门长官）来回答的形式编纂而成。其中第一条便是咨问幕府（将军御所）应该像原来一样建在镰仓，还是应该迁都去其他地方。因为当时尊氏身在京都，所以这里指的是都城应建在镰仓还是京都。

对于这个问题，虽然大多数人的回答是镰仓，但是最终幕府还是安置在了京都。这虽然与随后将近六十年的南北朝内乱让尊氏无法安住在镰仓有关，但是从根本原因上看，京都不仅从很久以前就是政治、文化、宗教的中心，而且各庄园领主、全国的富人、情报都聚集在此，是经济流通的中心城市，如果幕府想真正意义上揽括全国政权的话，就必须要在京都建立政权。

嵯峨

嵯峨是王朝贵族游览观光的地方。镰仓中期，后嵯峨上皇在小仓山的东南侧修建了龟山殿，在龟山殿的南侧可以看到大堰川（下游是桂川）和岚山。后嵯峨上皇出家后进入了大觉寺，他的儿子龟山法皇也住在那里。14世纪初期，龟山法皇的儿子后宇多上皇入住大觉寺，开始实施院政，因此大觉寺便被称为嵯峨御所，寺内又新建了伽蓝和僧房。自此以后，继承了龟山、后宇多两位天皇血统的上皇或皇子就居住在这里。因此这脉血统也被称为大觉寺统（之后的南朝）。明德三年（1392年），南北朝内乱结束两朝合并的时候，南朝的后龟山天皇在大觉寺中，将代表着皇位的三种神器移交给了北朝（持明院统）的后小松天皇。

历应二年（1339年），足利尊氏内心悔恨，害怕在吉野山去世的后醍醐天皇的怨灵作祟，因此建造了天龙寺为其祈祷冥福。修建地点便是后嵯峨天皇遗留下来的龟山殿遗址。尊氏将庄园的收入、光严上皇卖官职所得的收入，以及幕府以修建天龙寺为由派遣去中国（元朝）的商船（天龙寺船）所得的收入等各种收入捐献给寺院，用作建寺经费。贞和元年（1345年），在后醍醐天皇死后七周年之际，天龙寺落成竣工。

因多次火灾，天龙寺寺内的建筑尽失，虽然现在的建筑是明治以后重新修建的，但住持居室西面的庭园却建出了当年的感觉。园池的对岸是一座假山，上面建有壮观的瀑布点景石，这座池泉回游式庭院借龟山、岚山之景，据传是梦窗疏石的作品。虽然在各地的寺院中都有梦窗的作品，但其中最有名的还是这座寺院和西芳寺中的庭院。

嵯峨的临川寺原是龟山天皇的离宫，后醍醐天皇将其改建为禅院，建武二年（1335年）由梦窗疏石开山。梦窗在公家和武家之间都有许多支持者。虽然这里有他性格平和的原因，但与他推行显密佛教（旧佛教）色彩浓厚的和式习合禅也不无关系，与梦窗疏石齐名的宗峰妙超拒绝向习合禅妥协，因此在这之后前者变成了日本禅的主流。

由此一来，大堰川左岸的西侧是天龙寺，东侧则是临川寺。因为有幕府的殷勤保护，所以在15世纪初，两座寺院的周围聚集了一百五十多座塔头、寺庵、住家等。除此之外宝幢寺（现鹿王院）、大觉寺、清凉寺等新旧寺院也建于此处，中世的嵯峨从院御所集中的城市逐渐演变成寺院林立的城市。居住在此的人家也有近千来户，作为京都的近郊城市嵯峨逐渐发展了起来。

室町殿与土御门东洞院内里

南北朝时期，足利氏的将军御所辗转于三条坊门殿等几座宅邸，尊氏的孙子第三代将军义满于永和四年（1378年）在北小路室町修建了新的宅邸并搬迁了进去，永德元年（1381年），在此处迎接了后圆融天皇的巡幸。北小路室町位于上立卖路以南、室町路以东、乌丸路（当时是今出川路）以西，它的北侧是同志社大学的寒梅馆（室町校区），南侧是大圣寺（图5–1）。

这一带受到平安时代以来城市发展的影响十分繁荣。因为地处一条大路北侧，所以原属于京外。镰仓时代，室町（四辻）家、菊亭（今出川）家以及稍远一些的西园寺公卿、歌

图5–1　室町殿遗址附近现状　从今出川路乌丸上行路（参照卷头地图1）向西北偏北方向看。中间夹着乌丸路，前面的是大圣寺，后面的主教座堂风格的建筑是寒梅馆。

人的宅邸等，权势正盛的西园寺家的诸多分支流派的贵族宅邸都聚集于此，南北朝时期崇光上皇将菊亭设为御所，并搬入了室町宅邸。义满得到了两座宅邸，并在室町宅邸的遗址上建造了新的宅邸，这座新宅采用寝殿式风格，院内种植了四季缤纷的花草，其中有许多公家（公家原有天皇和朝廷的意思，下文指通用的贵族的意思）珍藏的名贵树木。因此被称为花御所，也叫做室町殿。

室町殿不仅是宅邸的名字，同时也是足利将军家家长的称呼，武家政权中拥有最高权力的人的称号。这个政权被称为室町幕府也是来源于宅邸室町殿的名字，即便将军御所搬迁到其他地方，由于义满掌握着至高的权力以及极大的威势，因此幕府的最高首领依旧被称为室町殿。

将军御所修建在这个位置并非偶然。东南偏南方向距离这里600米左右的地方便是土御门东洞院殿。镰仓时代中期，正元元年（1259年）闲院内里被大火烧毁，自那之后内里辗转于各处，到了南北朝时期内里在土御门东洞院殿固定下来。明德三年（1392年），从南朝得到的三种神器被转移到了这里。土御门东洞院殿原本只占一町的北半部分。但在应永八年（1401年）被烧毁后，第二年重建时规模扩大到占地一町见方。自此之后一直到江户幕府末期该处一直是皇居的所在地。

相国寺

室町殿中间夹着乌丸路，义满在室町殿的东侧修建了相国寺。寺名取为“相国”（中国唐朝大臣的名称），实际上是借了当时身居左大臣之位，想要成为太政大臣的义满的名目。

永德二年（1382年），相国寺的佛殿、法堂开始动工。义满命令梦窗疏石开山建寺，梦窗的高徒春屋妙葩为第二代。春屋妙葩是梦窗的外甥。明德三年（1392年），参照朝廷的御斋会的标准举行了庆祝竣工的大法会。

义满为了统制禅宗寺院，创建了五山（五山、十刹、诸山）制度。中国的禅林官寺制度在镰仓末期便被引入日本，到了室町时期则确立了相关制度。至今为止，五山制度中的寺院以及寺院的等级规格曾发生过多次改变。至德三年（1386年），义满将京都五山置于镰仓五山之上，南禅寺则破例位于“五山之上”，其后便按照第一寺天龙，第二寺相国，第三寺建仁，第四寺东福，第五寺万寿的顺序排列，这也成为之后五山顺序排列的基础。义满将春屋任命为僧录，管辖五山之下的禅寺和禅僧的人事调动。不久之后，相国寺的塔头之一鹿苑院的住持兼任了僧录，之后鹿苑院中的修行场所荫凉轩的轩主就任了这一职位。僧录司与幕府有着直接联系，拥有潜藏在僧俗两个世界中的力量，因此室町时期的相国寺实际上端坐于禅院的最高峰。由此通过五山派禅院的修建，梦窗一派昌盛起来，成为临济宗的主流。

相国寺中，北到上御灵神社，西到乌丸路（旧今出川路），东到相国寺东路（旧万里小路），南侧位于上立卖与今出川路的中央位置（旧今小路），寺院面积十分广阔。相国寺的东南方向建有惣门，寺外惣门附近有八讲堂，寺院东侧东京极一带建有七重塔，相传有108米高。八讲堂是将军家举办重要的法华八讲的场所，而七重塔，不要说平安后期法胜寺的九重塔（81米），即便是奈良时代东大寺的七重塔（96米）也要远远低于它，可谓达到了史上空前的高度。八讲堂和七重塔与寺内的禅宗建筑不同，是显密佛教建筑。梦窗为了兼修禅宗和密教，将禅宗和显密佛教的建筑同时建造在一个空间里，两者融合而成的便是相国寺。

相国寺寺内与内里的阵中南北相对，相距约470米。从相国寺的惣门出来，向南直下的街道与阵中北侧的一条路相交，法界门就建在两条路的交叉点上，相国寺与阵中之间的宗教区域被称为妙庄严域（妙庄严是《法华经》中佛国、佛王的名字）。室町殿与七重塔以惣门和法界门之间的小路为中轴线，左右对称地分布在街道两旁（图5-2）。

义满的野心

永德元年（1381年），足利一族中义满以24岁的年纪破格就任内大臣一职，并采取了与至今为止武家风格完全不同的公家风格的花押来批阅文书。最后使用武家花押的是在嘉庆元年（1387年），即相国寺落成庆典供养的那一年，此后无论大小繁琐之事都用公家花押来批阅。有学说认为，这从文人"武将"的角度表明了义满想要统帅公武两方势力的决心，向世人夸示室町幕府不仅仅是一个武家政权，而是作为一个统领公武两家的政权向前迈进。

南北朝时期，发生了史上空前的六十年全国内乱，给京都各个阶层都带来了巨大的影响，其中王家、朝廷以及特权贵族阶层也蒙受了巨大损失。义满的祖父尊氏以及他的父亲义诠所推行的接收王朝及庄园领主权利的工作，在义满时期也完成了收尾工作。在京都、奈良等城市，根据土地的正面宽度，对住在此处的居民收取相应的土地税，这叫做地口税，而在这个时期课税权也从公家政权移交给了幕府。义满将担任传奏

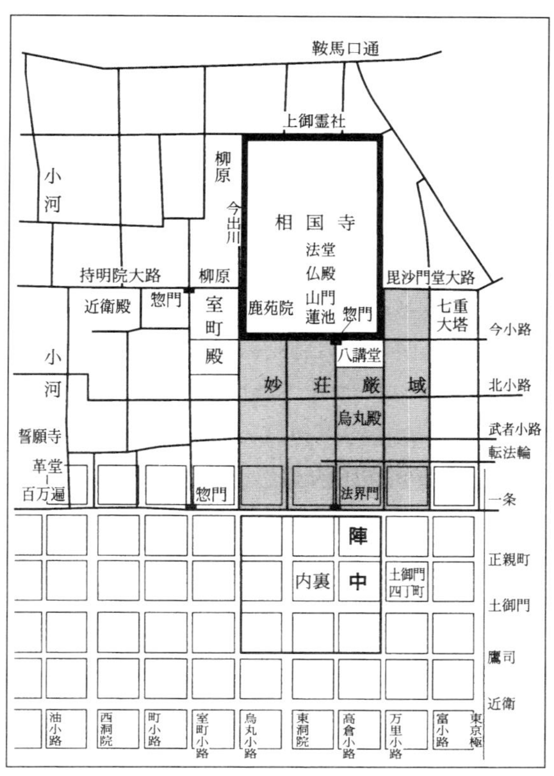

图5-2　室町殿周边推算复原图 （原图：高桥康夫）

（向上皇或天皇上奏，转达意向的官职）一职的公家诸官员以及他们的弟子纳入自己的家政机关，以此向朝廷施压。

对于延历寺，义满将以门迹和主从关系而紧密相连的实力派门徒任命为山门使节，使其作为与全山众徒交涉的窗口。幕府给予了山门使节很多权限，例如在关于延历寺领地争论中执行幕府下达的裁定的权限、在延历寺及其寺内处决罪犯的权限等。幕府想要利用山门使节所持有的军事力量，来统制延历寺中的僧徒大众。通过这种方法，自平安时代以来一直令朝廷和幕府苦不堪言的延历寺强行上告问题，一定程度上得到了缓和。

北山殿的修建

应永元年（1394年），足利义满将征夷大将军之职让于长子义持（第四代将军），自己升职为太政大臣，但随后仅过了半年便出家了。但他仍然一如既往地居住在室町殿，继续处理政务，将军一职不过徒有虚名。义满在至今为止的仪式上，都按照摄关家的礼仪出席，但出家后义满想要享受法皇的待遇，希望将足利家定位为摄关家之上、王家之下，他偏爱的儿子义嗣的成人礼也是按照亲王成人礼的标准举办的。

西园寺一族的别墅建于远离京都的北山（衣笠山的东北山脚处）之上，义满接手了西园寺的别墅后，于应永四年（1397年）开始大规模地修建山庄，并在第三年移居到此处。这座山庄名为北山殿，义满也随之被称为北山殿。无论是室町殿还是北山殿，可以看出义满是有意识地在接收镰仓时期权势滔天的西园寺一族的宅邸。北山殿中有金碧辉煌的舍利殿（金阁寺），令人联想到唐代中国的五台山上的金阁寺，还有与金阁寺以复道相连的集会场所天镜阁，义满居住的场所北御所，其妻子的居住场所南御所、紫宸殿（寝殿）等，相国寺的七重塔因落雷而被烧毁之后，也在这里进行了重建。有史料记载称，修建费用高达数百万贯，中世一贯钱换算成现在的日元的话相当于十万日元到二十万日元左右。这样算来该修建工程要花费一千亿日元以上，未免过于言过其实，实际费用大概一半以下吧。

之后到义满去世的十年间，北山殿成为义满办公的场所，以及公武两家社交的场所。幕府与中国明朝建立邦交，明朝的使者访问日本时，义满便在北山殿迎接使者并交换国书。他晚年最后一段日子里，在北山殿作了这样一首狂歌："吾居非宇治，东南望都城。"（《教言卿记》）不用说，这是仿造喜撰法师的"吾居城东南，世说宇治山"而作的诗。比起原歌中的洒脱，义满生性诙谐，"吾居非宇治（忧愁）[1]，东南望都城"，从他的歌中可以感受到上位者的骄傲，十分生动有趣。

应永十五年义满去世后，义持开始否定父亲的政治路线，重新修复了自祖父义诠以来便存在的三条坊门殿后移居于此。晚年时，聚集有势力的守护中的重臣，召开重臣会议，通过商议处理重要政务。北山殿被拆毁，只有舍利殿等一部分依据义满的遗言，改建成了禅寺（鹿苑寺）。舍利殿是现存北山殿中唯一的遗构，它临水而建，是一座三层楼阁建筑，第一层和第二层采用的是寝殿式建筑手法，第三层修建成了禅宗式佛堂风格。只不过今天我们看到的金阁寺，是1950年放火烧毁后重新修建的金阁，只是"复原考察中的一个假设"，

---

1 "宇治"与"忧愁"在日语中发音相近，因此该句也有"吾身非忧愁"之意。

并非是原来真正的金阁寺。因为在天文六、天文七年（1537、1538年）、庆安二年（1649年）等年份中金阁寺曾多次进行过修复。所以宫上茂隆认为，最初修建的金阁寺和现在的金阁寺大不相同。

武家之都

室町时代，京都中武家的人口约有三到四万人。被称为奉公众的室町将军近卫队约有两三千骑，诸国在京的守护有二十一到二十三家，加上他们的部下约有六七千骑，合计一万骑左右。此外还有步兵和侍从。这些士兵经常是携带家属一起生活在京都。

至今为止，15世纪中期京都的人口被推测为十万人左右。但是有史料记载，同一时期京都有二十万户。14世纪前半期，由于南北朝内乱的影响经济停滞不前，而15世纪的京都克服了这一困难，有了显著的发展，因此人口大概不止十万。即便如此，二十万户也过于夸张。因此在此笔者冒失地将户数换成人口数，即此时京都约有二十万人左右。虽然前文所述的武家人口数量也有夸大的可能，但毫无疑问，足利一族在京都建立幕府，守护在京任职，这都导致许多武士来到京都居住。自平家以来京都中武家的比重逐年上涨，如果人口比例占到百分之十五到二十的话，将京都喻为武家之都也不足为奇。而作为其产物，政治方面且不用说，即使在文化方面，也形成了传统公家文化与武家文化、都城与地方文化混合的新日本文化。

北山文化

义满喜欢奢华，在文化方面也表现出了浓厚的兴趣。他精通学问、艺能，在艺术方面也造诣颇深，是艺术上的赞助者。从义满时代到其子义持、义教（六代将军）时代为止，文化史上称其为北山文化，名字源自北山殿。北山文化的主要舞台是五山禅院，禅僧之间受中国宋、元影响的汉文学十分繁荣。这便是五山文学，梦窗门下的义堂周信、绝海中津的兄弟和弟子是五山文学的代表人物。如拙、周文等画僧以相国寺为据点展开活动。周文在吸收了宋、元的水墨画画法后创建了山水画的新样式，并传授给雪舟等人。

自镰仓时代开始，舶来品（从中国以及其他国家传来的物品）、中国画（水墨画）就十分引人注目，15世纪初期，由义满发起的日明通商引进了更多的有名物产。在用舶来品夸张地装饰过的书院客厅中，使用舶来品喝茶的方式，被称为书院茶道，是武家礼仪的一部分。义持到义教时代，是书院茶道形式得以确立的时期。书院茶道的礼法以禅院茶礼作为基础，将一部分礼法日式化，例如将坐在椅子上的礼法，改为了坐在榻榻米上。当时专用的茶室已不存在，点沏抹茶的场所另有他处，在聚会的场所里添置了茶风炉。

除此之外，义满十分宠爱猿乐能的观阿弥、世阿弥父子，义持喜爱能面师田乐高手增阿弥，义教则喜爱猿乐的音阿弥。

南禅寺与大德寺

龟山天皇皈依禅宗后，于正应四年（1291年），将东山山脚下的离宫改建成为寺院。这便是南禅寺。龟山天皇制定了任命住持的标准，即不分宗教流派，凡是具有实力、才能智慧的僧人便可担任主持（十方住持制）。在此之前，南禅寺一直隶属于大觉寺统的管辖范围，14世纪初期寺中的七堂伽蓝得以落成。建武元年（1334年），后醍醐天皇将该寺与大德寺共同定为五山之首。建武新政倒台之后，南禅寺成为室町将军家下的官寺，正如前文所述，义满将其升级为超越五山之上的存在，因此从形式上看南禅寺可谓是占有禅宗界的最高地位。

紫野的大德寺起源于元应元年（1319年）宗峰妙超修建的小寺堂。之后，经花园天皇、后醍醐天皇的殷切庇护，寺的规模扩大了许多。于正中二年（1325年）正式创立了大德寺。元弘三年（1333年），后醍醐天皇规定，只有宗峰门下的弟子可以居住在大德寺，其他门派的弟子不得入内，大德寺成了宗峰门派一脉相传的寺院。

室町时代中期永享三年（1431年），大德寺脱离五山，选择了成为非官方禅寺（林下[1]）的道路。大德寺厌恶作为官方寺院而不得不实行十方住持制，所以选择从幕府规定的五山之首大幅度跌落到十刹中的第九位。五山的禅与各方权力有很深的联系，并且被世俗化，专注于汉诗文和做学问，对此大德寺持严厉的批评态度。大德寺继承了宗峰严肃且激进的禅宗风格，贯彻坐禅，在禅宗的世界中独具一格。其中最具代表性的例子便是应仁之乱后，一休宗纯担任住持，他在堺市的富豪商人中推广具有反抗精神的大德寺禅，通过商人们的援助，重建了被烧毁了的方丈寺和佛殿兼法堂。由宗峰弟子关山慧玄开山创建的妙心寺，位于右京区花园，它无视五山世俗的繁荣，摸索着作为寻求禅宗本质的林下禅道。

漫步于大德寺，总是被它的宽阔震撼。但是直到室町时代末期，大德寺的范围只到现在寺内的东侧（以本院、真珠庵、

1 林下，五山十刹的寺院被称为丛林，与此相对，大德寺、妙心寺等非官方寺院被称为林下。

龙源院为中心的区域)。到了16世纪末到17世纪初期,越过今宫门前路向西一路增建了许多塔头。大德寺位于大宫乡,是隶属于上贺茂神社管辖中的贺茂六乡之一,到了江户时代,大德寺已经拥有支配乡内各村的权利。由于明治初年兴起的废佛毁释、以大名为檀越[1]的塔头的废除和合并,大德寺的规模缩小到江户幕府末期的一半以下。

现在的大德寺可以从各个方向进入寺中,是一个开放的场所,但实际上大德寺是在明治以后才对外开放的,以前寺院被围墙和沟渠包围,日常生活中只能从东侧的惣门一处出入。中世时,天龙寺、南禅寺、东福寺等大型禅宗寺院的寺内,也是由同样封闭的伽蓝、塔头、宿舍组成,寺院门前和四周塔头林立,村舍田地密集,寺院背后是山林,整体聚集成一个同心圆的部落。在寺院门前和周边,寺院拥有警卫权和课税权,是一个独立的世界。

这一点显密教派的东寺以及贺茂、祇园、北野等大社也相同。东寺的话,伽蓝以北、针小路以南、唐桥小路以北、栉笥以西、坊城以东的区域都属于寺院内部,面向针小路,在道路的南侧村落林立。再向东拥有八条院路以及分布在京中的各处领地,此外东寺还收取八条、堀川、九条、大宫等各街道巷所的地租。

日明贸易与京扇

室町时代开始,日本和中国明朝之间展开了贸易往来,义满死后,义教派遣了两次商船后,两国之间的贸易往来曾多次

1 檀越,梵文“施主”之意,赠予寺院、僧人财物的信徒。

中断，一百五十年间，只派遣了十九次遣明船。日明贸易是在以明朝为中心的世界格局下进行的。具体来说，日本国王（足利将军）以臣子的礼仪拜见明朝皇帝，作为礼仪的一环向明朝皇帝献上供品，作为回报能够得到具有一定价值的商品（进贡贸易），附带的还会有一些官方和私人的贸易往来。义满时期，该贸易带来了巨大的利润，根据桥本雄的观点，幕府一次派遣可以获得四五万贯的利润。北山殿之所以能够建成，大概也是因为将利润的一部分投入到建造中了吧。

进口商品有生丝、高级纺织品、陶瓷器、书籍、书画等，在日本因非常稀有而备受重视。铜钱在义满时期被大量引进，促进了日本货币经济的发展。但是应仁之乱以后，越来越多的人选择把在中国挣来的铜钱换成有价值的中国商品带回日本，16世纪初期，反而出现了从日本带着铜钱到中国换取商品的情况。

出口商品中与日本刀并列的是扇子。10世纪后，日本制作的折扇除了通过日宋、日元贸易往来直接对中国出口，还有一部分通过高丽流入中国。另一方面，从这个时期开始，中国国内的折扇生产也逐渐发展起来，特别是南宋时期开始制作的两面贴纸的扇子（唐扇），反而出口到了日本，受此影响，日本出现了多层和纸粘贴在一起作扇面、竹子作扇骨的扇子，这种扇子取代了一直以来的单面扇子，成了主流。

鹰司路（现下长者町路）城殿驹井制作的扇子被称为京扇，很早之前就广为人知。京扇与祭礼时所用的桧扇相似，是将纸折叠起来作扇面的非常实用的蝙蝠扇（纸扇），其中五条桥西头的御影堂（新善光寺）所制的京扇最为有名。御影堂是时宗寺院，寺中僧尼学会了将绘有画的扇面纸叠出折线的方法后，便开始制作扇子。之后该地扇子的生产也异常繁荣，现在在五条大桥西头建有纪念用的扇冢。

永享四年（1432年），日明贸易恢复以后，除了大量的日本扇作为贡品进献给明朝之外，使节、随行商人也将其作为私人物品带入中国。扇面上绘画的主题除了花鸟，还有描绘日本名胜的图画。特别是宁波作为当时朝贡贸易的窗口，日本的漆器泥金画、喷金箔等技法广泛流传，扇子的生产销售甚是火爆。

行会商业

受到朝廷、寺院神社、名门贵族等保护，具有某些商品销售的独占权的工商业者、交通运输业者等组成的集团被称为行会。京都中主要的行会有四府[1]轿夫行会旗下的米业行会、祇园的棉业行会、北野的曲种业行会、堀川的木材业行会、三条的铸造业行会、丝织品十分出名的大舍人行会以及练贯[2]行会等。

四府轿夫行会原属于左右近卫府、左右兵卫府的四府，是给天皇抬轿子的轿夫们组成的商业行会。镰仓时代，轿夫们开始扩展商业活动，不久之后便脱离了四府。中原家、小槻家历代任职外记、官务（统辖弁官局实务的官职）等职位，四府轿夫行会在两家管辖之下，与山科家（做竹子生意）、正亲町三条家（没有固定商铺，在街上卖染布的流动商贩）、中御门家（做挂面生意）竞争起了营业权。通过这些诉讼纷争，四府的轿夫们拥有各种免除义务的特权一事广为人知，因此谋求相同待遇的工商业者便逐渐加入了轿夫行会。

1　四府，左近卫府、右近卫府、左兵卫府、右兵卫府的总称。

2　练贯，纵向纱线使用生丝，横向纱线使用熟丝的纺织品。

图5-3　米场　上杉本《洛中洛外图屏风》　下京只第四扇，局部（收藏于米泽市上杉博物馆）

在四府轿夫行会主要经营的商品中，最重要的是米。因为守护驻京等原因，京都人口增加，导致对米的需求量高涨。自文明六年（1474年）前后，名为米场的米谷交易市场得到了认可，设置在三条室町和七条上下两处（图5-3）。米场中，由七口（指中世时在各国进入京都时需要经过的七条路上，入口处所设置的关口）运进来的米谷堆积在此，批发给零售商人。一手承办米场的便是四府轿夫行会的米商。永享三年（1431年），京都饱受饥荒之苦，这是因为米商们相互勾结，将各国向京都运输大米的道路堵死，以抬高自身所持有米粮的价格。其中起着主要作用的便是轿夫行会的米商们。

此外，在京都近郊，以大山崎（山城与摄津的边界）为根据地的灯油销售商也倍受关注。灯油商人们是石清水八幡宫的神人，通过侍奉八幡宫或进献灯油，这些商人在去往其他各国时可以免交关税（通行税），幕府尊敬崇拜八幡宫，因此这些商人们还有不履行多种公共劳役的特权。他们能够优先购入原料白苏，在根据地制油，并独占了畿内临京都近的藩国的市场。这些商人也向京都市场进军，永和二年（1376年），移居京都的卖油商人的分家有64人，他们作为神人得到了新的营业许可。

土仓、酒屋

在京都，由于城市人口的增长和经济的发展，土仓也逐步完善。金融业者保管质押品，并从中获取数倍的利润，因此称呼他们为“无尽钱土仓”，时至南北朝时期，简化为“土仓”。另一方面，造酒业需要注入大量资金，所以多在城市发展。京都奈良自古以来便是酒乡，也是这个缘故。前文中也提到过，酒坊经常兼营土仓等金融业务。

关于室町时代京都中酒坊、土仓的数量，可以参考北野神社于应永三十二、三十三年（1425、1426年）著成的《酒坊交名（名簿）》。书中记载了京中京外共347家造酒坊。这些酒坊多集中于京中的中心地区，密集分布在左京的一条到六条，大宫到东京极大路之间（图5-4）。此外清水坂、今熊野、嵯峨也集中了许多酒坊。土仓在镰仓时代末期有335家，毫无疑问，土仓的数量与酒坊的数量相当甚至要超过酒坊。

酒坊、土仓与其他工商业者不同，并没有组建行会。只是为了筹措资金，需要多位建立了相互信任的出资人，因此当时有一种叫做“合钱”的存款制度。出资者根据出资金额来分配利润。据说参与“合钱”的人都是与土仓没有特别联系、非特定的人群。在中世这样的关系虽然看上去比较冷漠，但在某个例子当中却并非如此——一族的家长作为“本主（所有者）”，是主要的出资人，但担任实际经营的“仓库管理员”一职的人却是他的伯父，两人之间有一层叔侄关系。土仓和酒坊基本上采取诸如此类的形式，即土仓酒坊中有一个核心家族，其一族亲戚都参与到土仓和酒坊的经营当中。这种形式虽然有一些银行业务的影子，但还不能说达到了资本和经营分离的境界。

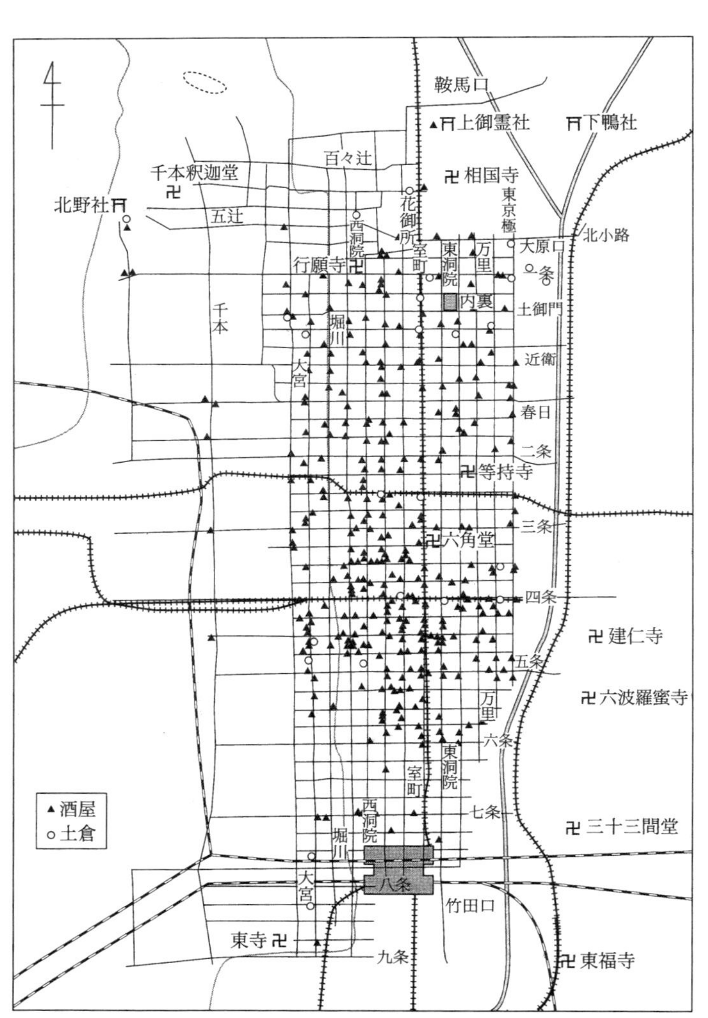

图5-4　南北朝、室町时期的酒坊、土仓分布图（原图：锄柄俊夫）

身为执政者，谁都想对经营酒坊、土仓的富人以及金融业从业者征收营业税，镰仓时代朝廷也曾多次讨论过此事。但是京都中的酒坊、土仓隶属于公家或神社寺院，在他们的保护之下，很难实现向其征税。比睿山延历寺（又称山门）管辖下的酒坊、土仓便是其中的代表，北野神社（现北野天满宫）和祇园神社是延历寺（日吉大社）的末社，所以两个神社的神人所经营的土仓也在山门的管辖之内。

山门的强行上告常被误认为是院政时期特有的现象，实际上这个现象一直持续到战国时代。按照惯例，被抬着的日吉大社的神轿如果在强行上告中损坏或被烧毁的话，朝廷要负责重新置办（重做）神轿。镰仓时代末期，制作费用的一部分从京都土仓的税金中出，当时在335座土仓中，有280座是“山门性质的土仓”，其余55座是非山门性质的土仓（《日吉社及睿山行幸记》）。富有的居民作为山门管辖下土仓的所有者，虽然很多人都皈依了佛门（出家人打扮），但僧侣下山来到京都街区上经营土仓，这样的例子也不占少数。山门的公人（下级职员）负责催收土仓发放出去的贷款。他们通过祇园神社指使犬神人为他们工作，扮演着执行官的角色，时有暴力行为的发生。

日吉小五月会的马上役

幕府继承了朝廷在京都中的管辖权，也将酒坊、土仓视为重要财政来源，试图对其征税。明德四年（1393年），幕府针对“分布在京中边土（京外）”的土仓和酒坊，颁布了纳税法案。这意味着包含延历寺在内的公家及大神社寺院都要允许幕府对其管辖下的酒坊、土仓征税。室町幕府估算每年其税收收入将达到六千贯，可用于支付将军生活方面的开销。之所以能够对这些酒坊土仓征税，其中原因有些复杂，下面就介绍一下当时的背景。

日吉大社的小五月会每年五月五日在近江坂本举行，是一场盛大的祭典，它的举办与延历寺众僧徒有着密切的联系。祭典需要花费巨额费用。为了挣取相应的费用，从近江、京都中的富人中筛选出一些人从事马上役这种公共劳役。课役的人本该先从日吉神人中选出，但是日吉神人却被排除在外，因此引起了他们的诸多不满和抗议，镰仓末期之后费用的征收并不像想象中顺利，祭典的举办也变得异常艰难。为了重振衰颓的小五月会，幕府设置了名为“马上一众”的组织。由此，便可以从日吉神人中征收名为“合力马上役”的神款，问题便一口气解决了。

“马上一众”是由数十名延历寺僧徒组成，这些僧徒被称为“一头”，经营着土仓。每个“一头”手下都管理着数十名日吉神人，这些神人分别经营着酒坊、土仓等。“一头”会按照神人们的经营规模征收相应税款。他们背后是由幕府作为支撑的。换言之“合力马上役”的税款是由延历寺僧徒的土仓组织和幕府联手促成的。其实在此之前，延历寺的僧徒对于朝廷或幕府的课税是坚定拒绝的，但此次之所以没有拒绝酒坊、土仓的缴税，是因为征收上来的“合力马上役”的税款中，除去举办小五月会所需的费用，其他大部分剩余税金都归“一头”所有，他们可以把这笔钱用作贷款，投入到自己的金融产业中。山门使节是小五月会的执行负责人，他们指挥“马上一众”，从中攫取了巨大的经济利益。

戈山彩车巡行是百姓的庆典吗

在这里顺便提及一下日吉大社的末社祇园神社的御灵会（以下均称祇园会）。自平安时代中期以来，祇园会最关键的一环便是神轿启行。到了镰仓末期和南北朝时期，祇园会中多了戈山彩车巡行的环节。过去戈山彩车巡行是在旧历六月七日和十四日两个仪式日上进行，即在迎神轿和神轿还幸的日子里巡行两次（前祭、后祭）。1966年，为了吸引游客两次巡行全部集中到了前祭的那一天（7月17日）举办，时至2014年7月24日，时隔四十九年后祭终于又开始重新举办。

戈山（祭典装饰物）彩车（山车的一种，为大型柱状物）的巡行与祇园神社和御旅所[1]无关。神轿启行是神社准备的列队，但与此相对，戈山彩车并不是由神社或御旅所准备的。在日本，为了驱逐对人有害的恶灵和瘟神，人们会制作装饰华丽花哨的彩车并迎接彩车，吹笛子打太鼓将其驱逐出生活范围之外，有诸如此类的风俗。戈山彩车本质上是招来瘟神所乘坐的依附物（神座）。

自古以来，戈山彩车巡行反映了京都“町众”反对权势的态度，是“町众”的祭典。这是因为城市的历史即为“市民”的形成史，“市民”又是城市自治的施行者，而“町众”便是“市民”，或者说是“市民”的代表，基于这样的理解才得出了以上结论。但是在最近的祇园祭研究中，得出了与迄今为止的结论大不相同的结果。例如，研究中指出，在室町时期，参观戈山彩车巡行的主要是室町殿将军或是天皇，所以戈山彩车并不是百姓的东西，而是原本便是属于将军的所有物，最近

1　御旅所，神社祭礼的神轿启行时，为迎接离开本宫的神轿而临时供奉的地方。

的研究得出了这样具有冲击性的结论。

神轿启行所需的费用，原本是由三条以南、五条以北的商业地区的富人承担。但是日吉大社的小五月会成立“合力马头役”制度后，从富人那里征收来的一部分钱财（三百贯）便用于支付其开销。小五月会和祇园会分别在五月和六月举行，但是延历寺众僧徒通过强行上告导致小五月会延期，就会导致祇园会的神轿启行无法在规定的日期举行，研究证明祇园会拖到十二月份举办也毫不稀奇。另一方面，虽然戈山彩车的相关费用由“在地（下京）的官员”负责筹措，但幕府也作为其后盾以确保其顺利进行。室町时期的祇园祭确实与城市居民有关系，但有大量的证据表明祇园祭难以成为民众自主自立的祭典，这一点也得到了认可。

酒坊、土仓役[1]

现在回到酒坊、土仓员的话题上。在日吉小五月会一节中提到，明德四年（1393年）设立了酒坊、土仓役，这是基于马上役的征税系统而来。“马上一众”的征税组织在征收酒坊、土仓的税时，被称为“土仓方一众”、“众中”。土仓方一众将数家乃至数十家酒坊、土仓纳入自己的管辖，酒坊的话以酿酒的容器酒壶来计算，土仓的话以质押品的件数来计算向其收税，即土仓方一众这个组织从幕府处承包了收税的工作。换言之，幕府通过从延历寺的僧徒中获取巨额收益，以此复兴了日吉大社的小五月会，随后立刻反转刀头，确立了收取酒坊、土仓税金的赋税征收权。

1 土仓役，室町幕府向土仓（当铺）课的税。

且说当时最负盛名的酒坊便是柳酒屋。柳酒屋开在五条坊门西洞院的西南处，每个月要上缴六十贯钱，一年上缴七百二十贯的酒坊役。仅柳酒屋一家上缴的酒坊役便超过了幕府酒坊役收入的一成。柳酒的卖价为一百文三勺陈酒或四勺新酒。比起普通的酒要贵将近两倍，虽然价格相当昂贵，但柳酒香气浓厚味道纯正，天下闻名。此外陈酒要比新酒贵。当时一年四季都在酿酒，新酒一年当中任何时候都有，而与此相对，陈酒则是在冬天酿造出来后储存起来的酒。经过长时间的储存而没有腐坏的酒，其中的酒精浓度和酸度都十分适宜，酒香纯正浓厚。因柳酒屋前的柳树倍受好评，所以酒坊便以此命名。柳酒屋的酒是最早的上等好酒。除柳酒屋之外，幕府禁止其他酒坊在酒桶上刻六星纹，这也是为了防止商标的盗用。

西京神人与酒坊的对立

日本酿酒时曲种不可或缺。隶属于北野神社曲种行会，聚集了许多制曲匠人，甚是有名。他们居住在北野神社门前的街道西京七保，作为西京神人，匠人们在神社祭祀时工作，以此得到了免除劳役的特权。但是应永二十六年（1419年），因为将军义持是北野神社的狂热信仰者，幕府突然禁止酒坊自己制曲，将从制作到销售曲种的独占权都交给了西京神人。

延历寺的僧徒本应该是日吉神社神人的保护者，但是对此他们并没有提出异议，而是承认并保障了西京神人的独占权。山门使节转为支持态度这一点也起了很大影响。其结果就是，酒坊自己建造的曲室（制曲用的温室）被幕府的差役在眼前砸毁。毁坏的温室数量达到52家，并且让酒坊发誓从今之后再也不建造曲室，居住在这片地区的“町人[1]”来做担保（《北野神社文书》）。之前介绍到，应永三十二、三十三年，北野神社制作了酒坊的名簿，这也是西京神人为了达到垄断曲种销售的目的而制作的吧。

图5-5　左京五条三坊九町遗址处的酒坊遗迹（提供：京都市埋藏文化遗产研究所）

2008年，对乌丸路与绫小路路交叉点西侧50米靠北的地方进行了事前发掘调查（左京五条三坊九町），发现了14世纪前半期和15世纪后半期两个时期的酒坊遗构。在较为古老的遗构中，常滑烧的大瓮东西南北各六列，整齐地排放着（图5-5）。值得注意的是，遗构的东南侧发现了一处东西长4.8米，南北宽2.6米，深1.25米的大土坑（将土掘出来形成的坑），在壁土上有为了固定护墙板而打的桩穴以及为了承受地板龙骨而铺的基石，即护墙板和地板似乎是搭建出来的。土坑中，20多厘米厚的混杂着稻草、木屑和炭的苗床土紧紧地贴在地面上。从科学角度对苗床土进行分析，虽然只有少量但检测出了曲菌。因此推测这个地下仓库可能是一个曲室。顺便一提，2013年春天，在三条路和新町路（町尻路）的交叉点南侧，挖掘出了一个地下仓库，疑似为室町前期废弃的酒坊曲室。

另一方面，在15世纪后半期较新的遗构中，发现了大瓮拔

1　町人，日本近世居住在都市的工商业者，身份低于武士、农民，但也有人以经济实力作为后盾，拥有很大的发言权，称为日本近世都市文化的中坚力量。

出后的坑穴，东西两列以上、南北六列地排列着。蜷川家世代担任政所的代理官，管理着将军家的家产和直属领地。蜷川家的文书中记载到，明应年间（1492 ～ 1501 年）在绫小路乌丸路西北处附近有一处名为“泽村又次郎”的酒坊（《土仓酒坊订货》）。这次发现的瓮坑群很有可能属于该酒坊。泽村一族是一般人所开的酒坊的代表，应仁之乱以后，山门对京都的支配权减弱，泽村一族便成了土仓中的核心。泽村一族中有人居住在四条猪熊的西北处一带，成为“中兴家的上门女婿”，号称为石清水八幡宫的神人，逃避马上役（《八濑童子会文书》）。中兴这个姓氏至少在战国期间是经营柳酒屋的一族。

让我们回到曲种的话题。北野神社垄断了曲种的销售，随后引起了酒坊们的不断抗议，要求获取制曲权利的诉讼更是层出不穷。文安元年（1444 年），酒坊请求延历寺西塔僧徒的援助，对此僧徒们也作出了回应。因此有传言说幕府允许了酒坊制曲，激怒了西京神人，于是西京神人便以闭关祈祷千日为名，在北野神社闭门不出。幕府向北野神社派出军队时，神人们自己放了火，烧掉了大半个神殿。从此之后，酒坊被允许制曲，年贡钱上交给西塔。

幕府是通过土仓方一众间接地对土仓和酒屋进行管理，但在嘉吉二年（1442 年）之后，幕府试图通过政所自食其力征收土仓役。但是征收的金额锐减，并没有达到期望的效果。这与接下来要讲的嘉吉年间的德政起义中土仓遭受了巨大损失，不断出现停业的情况有很大关系。

德政起义

中世各个庄园中经常发生向庄园领主要求减免年贡品的

起义（对庄园领主的起义），此外还有要求撕毁买卖、租赁合同的土著居民的起义，这便是农民起义（又称德政起义）。德政起义分为两种，一种是袭击土仓，以谋求撕毁个别债务的私德政，另一种则是要求幕府或守护等发布德政令。为了保证私德政有效，所以才要求颁布德政令。

这些起义中，嘉吉四年（1444年）发生的嘉吉起义就属于后者。同年六月发生了嘉吉之乱（播磨国等的守护赤松满祐谋杀了将军，被围攻后自刎的战乱），幕府派出兵力去讨伐赤松，全部离开了京都，京都周边有势力的农民等团体瞄准这个机会，一起揭竿而起要求幕府施行德政。到了九月五日，京都完全被包围起来，这些农民团体占据了东寺、“今西宫”、西八条、大内里遗址、北野神社、太秦寺等十六个据点，接连数日向京都发起进攻。目的是抢夺质押品，烧毁借款文契，如果有反抗的话就放火烧。

同年九月十二日，德政令的布告牌在京都的七口高高挂起。这便是室町幕府颁布的第一个德政令。期间，幕府主张只对“土著居民”施行德政，但是农民团体则认为那是“被公家、武家所逼迫的条例，甚是可悲”，主张德政应该一视同仁（《建内记》）。守护筹集来的钱（又称守护出钱）是幕府的收入之一，守护们在自己的领国以一段[1]田，住户以房屋栋数为基准收取几文[2]钱，守护出钱就因此这样的形式从统一征收上来的钱（段钱、栋别钱）中多方拼凑而来的。京都中的居民以及周围地区居民，除了庄园的年贡之外，还苦于上缴不断增加的山城守护的赋税，因此加深了对土仓的经济依赖。但是需要

1 段，土地面积单位i，为300坪，约合9.917 4公亩。

2 文，从前的货币单位，一贯的千分之一。

施行德政的并不只是农民。过着城市生活的武家以及经济实力渐衰的公家也被高利贷逼入穷困的窘境。

幕府一方虽然以侍所等兵力对抗过起义，但并没能够阻止数万农民起义的势头。这不仅有人数上所带来的压力，也有加入起义的武士对其进行战术指导的原因，而且幕府一方的武士们由于苦于土仓的高利贷，没有认真防御等因素也包含在内。最后其结果，幕府颁布了“全国平等”的德政令。但是随后就德政令的解释发生了纠纷，因此在闰九月时颁布了新法，明确了适用范围。

起义不仅要求毁坏借款文契和取回质押品，还提出了将永久变卖的土地返还给原来主人的要求。幕府虽然暂时同意了这个要求，但后因有强烈的反对意见，所以十八日打破了以前的约定，将其刨除在德政令的内容之外。虽然如此，从规模以及所提要求的具体程度上来看，嘉吉起义可谓是站在了德政起义的最高峰。

15世纪中叶以后，由于德政起义的影响幕府颁布了德政令，因此当时停止了收取土仓役，对于幕府来说是一个很大的打击。幕府财政来源逐渐不足，幕府十分苦恼。享德三年（1454年）幕府将分一钱制度纳入到了德政令的适用条件中，即将债务额中的十分之一到五分之一的钱上缴给幕府。长禄元年（1457年）却出台了分一德政禁制，反过来要求债权人上缴债务额的十分之一到五分之一的钱，以保障其所持有的债权。

赤松林的出现

初唐诗人刘廷芝于洛阳的街头东侧，望见桃李盛开的景色,咏叹道:“年年岁岁花相似,岁岁年年人不同。”(《代悲白头翁》)自然亘古不变,人生却变幻莫测。对于浮躁的城市人来说尤其如此。

但实际上我们看到的自然,并非天然的自然,而是经过人二次改造、三次改造而来的自然。环绕着京都的山野景色、覆盖植被并非一成不变,自平安京以来的1 200年中,景色和植被都是逐渐变化的。千叶德尔通过研究记载松茸和北风菌的史料的出现方式的变化以及频率,对中世末期京都、奈良周围的森林情况做出了推测。北风菌生长在远离人烟的原生林中。另一方面,松茸只寄生在赤松的根系中,而赤松只生长在日照充沛的地方。

城市周边的木材需求非常大,因此常绿阔叶林(照叶林)遭到砍伐,随后形成了次生林落叶阔叶林(杂木林)。这便是山中靠近村庄地带的情况。杂木林在冬季落叶,所以地表经常受到阳光的照射。这些杂木林被当作薪炭材料,落叶和树下杂草也被用来当燃料或肥料使用,减少了土地可吸收的有机物,土地变得越发贫瘠,加之日照逐渐充沛,地表渐渐干裂了起来。在这种环境下,赤松对土地贫瘠土壤干燥的环境抵抗力较强,因此覆盖面积增加了。赤松林本是对水分供给要求十分高的森林,而这里的土地原本地下水就非常贫瘠,赤松林又吸收了不多的地下水,所以土壤干燥的情况便变得越发严峻,树下灌木杂草的生长情况也受到了影响。此外赤松还是土木工程、建筑、造船中所用到的木材。松炭轻便且火力强劲,因此提供给铁匠铺,而且将树脂含量丰富的老树桩切成小块可以用于照明。在人口密集的近郊,如果对赤松林的采伐置之不管,那么裸露出来的土地便会因风雨侵蚀逐渐流失,最终形成一片秃山。

千叶德尔根据《宇治拾遗物语》中记载的一段传说推测到，丹波国筱村（现亀冈市筱町）本是最有名的平菇产地，但在《宇治拾遗物语》成书的13世纪，当地已经不再盛产平菇，京都近郊的森林逐次被砍伐，常绿阔叶林的原生林也渐渐减少。千叶德尔从15世纪后半期到17世纪前半期的公家的日记以及互赠诗歌等里面，挑选出出现松茸或平菇的文章，只要那一年出现过一次这样的记载，就认定当年京都、奈良的周边生长了蘑菇。

其研究结果表明，京都中出现松茸的年份频率十分高（37次），但平菇却只有一次。与此相比，奈良中松茸出现的频率和京都相近（40次），但平菇一定程度上却也出现了几次（7次）。因此千叶德尔得出结论，17世纪京都近郊几乎看不到阔叶林，反而是赤松林占了绝大面积。千叶德尔的调查数据显示，16世纪后半期开始有关松茸的文章减少了许多（其中与日记的数量和存在形式也有关系），因此可推测出由于赤松的过度砍伐，导致一部分地区变成了秃山。

薪炭的纳贡

14世纪著成的初级教科书《庭训往来》中记载道，“大原的薪，小野的炭”。这两处便是代表京都的薪炭供给地。大原与八濑并列，是薪炭的供给地，自平安时代开始作为薪柴炭的产地就享有盛名（图5-6）。嘉元三年（1305年），法成寺领地中的五十名大原寄人被要求上缴4 800筐炭作为年贡。小野指的是葛野郡的小野山，是位于京都北山清泷川上游、云畑川流域的一座山村。供御人将此处作为根据地，向朝廷上供炭

图5-6　大原女[1]**和烧炭人**　出自《七十一番匠人赛歌会》（《群书类从》第28辑，一部分有所变动）

和松明。小野山长坂口可以通往丹波、若狭两国，供御人在该处担任守卫，作为回报，他们可以不缴纳去往诸关口的通行税以及贩卖各种商品时所需上缴的税金，有的供御人在京中销售松明、炭火以及木材。

除此之外，丹波、丹后、近江一带也有木炭的产地。例如在大原的北方，葛川（现滋贺县大津市坊村）是安昙川的发源地，最终汇入琵琶湖，镰仓时代在葛川一带就建有很多炭窑，烧制木炭。伊香立庄园位于葛川炭窑的南部，与其相邻。镰仓初期，当地居民为了烧柴燃炭，伐尽了自家领地上的杂木林，后向葛川转移，建造了葛川炭窑。这些木炭要上供给庄园领主延历寺下的青莲院或无动寺，供维持僧房生活所用。此外为了满足京都城市居民以及手工业者的需求，被烧制出来的木炭有时也用来贩卖销售。不只局限于金属提纯或锻造，加工皮革时所使用的热源、工业中用到胶时的保温溶解等，对于几乎所有工业来说木炭都不可或缺。从八濑大原，到其北侧的伊香立乃至更深处的安昙川源头，炭的生产中心一直向北延伸，对于京都来说如何确保木炭产量是一个大课题吧。

1　大原女，从京都北郊大原一带到京都室内卖未剥皮圆木等的女子，穿筒袖和服，前面系带，打绑腿，穿草鞋，头顶货物行走。

秃山化和水灾

中世的京都与以前一样，饱受洪水灾害。根据立命大学研究小组制作的京都详细灾害年表来计算，1251年到1350年间，京都遭受了23次洪水灾害，1351年到1450年49次，1451年到1550年则经历了46次。进入室町时代之后，京都的洪水灾害发生得更加频繁了。

举一两个例子来说明当时的具体情况，嘉吉三年（1443年）五月二十日，“正午过后大雨倾盆，洪水泛滥无以言表，古往今来无可比拟，京中宛如大河奔流，鸭川边冲走淹死者不计其数”（《师乡记》），文安五年（1448年）七月十九日，“终日大雨，（中略）以前从未有过像近日这般大的雨，各国水灾损失不可比喻，五条桥、嵯峨法轮桥（渡月桥）皆被淹没”（引自同上）。

其原因很难归结为一个，根据长期的气象变动研究，中世的日本处于“小冰期气候”时期，与11、12世纪相比，处于最低谷的15世纪平均气温要低两到三度，夏季低温且多雨。此外，随着城市的发展以及蓬勃的经济活动的展开，作为水流发源地的群山遭到过度砍伐，保水能力不断下降。如果在这些地方突然发生台风或集中强降雨的话，贺茂川、大堰川以下的河川一口气涨水，那么发生洪水就不难想象了吧。京都近郊的景观、植被等的变化虽然很大程度上还有待今后的研究，但它们对于京都历史所产生的影响绝不容小觑。

宽正饥荒

在古代、中世，饥荒可谓是一件司空见惯的事，特别是长禄三年到宽正二年（1459年～1461年）间，饥荒蔓延全国，历史上都有所记载。长禄三年很早便发生了天气异常的情况，九月山城国一带强风大降雨，导致米价高涨，德政起义的情况加剧。第二年从春天到初夏持续干旱，五月之后开始长时间降雨，发生水灾，气温降低。随后发生的蝗虫灾害导致全国粮食歉收，各国的难民们大量涌入京都。河内、纪伊、越中、越前等国因战乱而导致土地荒废。随后宽正二年一月到二月末饿死的总人数达到82 000人。时宗愿阿弥从八代将军义政处得了一百贯文钱，在六角堂（顶法寺）向难民们施舍饭食，前三日施小米粥，之后便只施舍蔬菜汁了，连续几日来施舍人数达到了8 000人左右。但是施舍并没有持续很长时间，愿阿弥随后改为处理尸体，在四条、五条的桥下挖出坑穴，将尸体聚集起来放入其中，一个坑中埋1 000人到2 000人，并建造了坟冢，为了安抚其灵魂还在上面种上了高大的树木。等到麦子终于丰收的时候，又发生了疫病，疫病不只在百姓中传播，公家、武家中也出现了死于疫病的人。

第六章

京都大改造

——信长与秀吉的京都

应仁元年（1467年）一月，应仁之乱爆发，全国各地的大名纷纷而起，室町幕府摇摇欲坠，日本进入战国时代。

足利义政（1449至1490年在位）时代，十五世纪后半期达到顶峰的文化被称为东山文化。东山文化是一种融合了公家、武家、大陆文化和庶民文化的复合文化东山文化有浓厚的生活文化色彩，孕育了众多流传至今的事物，其中最重要的是立花和茶道。

永禄十一年（1568年），织田信长入京。

庆长三年（1598年）八月，丰臣秀吉去世。

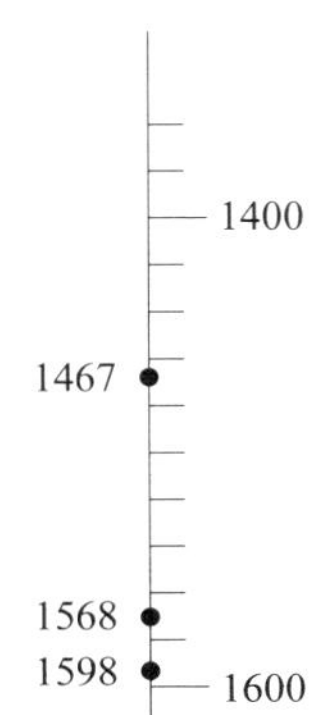

应仁、文明之乱与幕府的衰退

宽正五年（1464年），由于将军足利义政膝下无子，其弟足利义视继承了将军一职。然而翌年，义政的长子义尚诞生之后，义视开始受到兄长的憎恶。此外，实力派守护畠山、斯波两家的继承人问题，将幕府一分为二的细川、山名两大势力的对立问题也牵涉其中。应仁元年（1467年），细川胜元与山名持丰（宗全）分别带领各大名的军队在京中对峙。以五月的上御灵社之战为开端，爆发了全面战争。按双方大本营的位置，细川派被称为东军，山名派被称为西军。

战争伊始，拥护义政、义尚与义视的东军占据上风，然而八月大内政弘率领中国及九州地区四藩国的军队入京之后，形势发生了逆转。九月到十月之间西军接连取得胜利，东军被逼进以花之御所为中心的一小块区域（东西方向在乌丸与小川之间，南北方向在一条与寺之内之间）。自那之后，东军固守在被称为“御构”的牢固的阵地里，西军则在“西阵”、“下京（下阵）”布阵将其包围，两军持久对峙，战况陷入了僵局。文明五年（1473年）山名宗全与细川胜元相继去世，双方议和之意随之高涨，但山城国一带的战事仍在继续。到了文明九年（1477年），西军的畠山义就与大内政弘撤回至自己的领国，长达十一年的动乱终于得以平息。

应仁之乱后，文明十四年（1482年），义政计划在东山如意岳的山麓修建山庄。然而其在全国推行的段钱[1]赋税以失败告终，最终只能让山城国寺院神社的领地来负责出钱。由此事可以看出，幕府对于全国的影响力已经大不如前了。

---

1 段钱，日本中世纪临时征收的租税之一。

九州与东国之外，各地战事也接连不断，因此战国时代拉开了帷幕。作为其结果，庄园公领[1]制开始解体，地方上的守护代[2]与国人层（各国土生土长的当地领主）的力量开始增强。细川一族在畿内[3]及近邻诸国维持了自家的势力，其本家的细川政元（胜元之子）于明应二年（1493年）四月发动政变，废黜将军义材（第十代将军，又名义植、义尹），掌握了幕府的实权（即明应政变）。之后将军家分裂为义稙派与义澄派（第十一代），细川本家的家督左右着幕府的政治，受幕府权力控制的地区也仅限于畿内及近邻诸国。

九代将军义尚及其之后的历代室町幕府将军都没能安眠于京都。义尚、义澄、义晴（第十二代）均死于近江，义稙为了谋求复位游走于诸国之间，被称为“流浪将军”，死于四国阿波。天文十八年（1549年），细川氏的家臣三好长庆崛起，将管领（辅佐将军、统管诸般事务的官职）细川晴元（政元之孙）流放，长庆死后，永禄八年（1565年）发生了其家臣松永久秀杀害将军义辉（第十三代）的事件。义荣（第十四代）生于阿波，在同义昭（第十五代）和织田信长的对决中病死于摄津，终身未能进入京都。

银阁寺的建造与东山文化

东山山庄在建造过程中，常御所于文明十五年最先完工，义政随后便立刻住进了山庄。之后，山庄按照义政的喜好继续修建，超然亭、持佛堂（东求堂）、会所纷纷建成，长享三年

1 公领，公领地，由国司支配管辖的土地。
2 守护代，国家守护不在时的代理。
3 畿内，山城、河内、大和、摄津四国。

（1489年）最后的建筑观音殿（银阁）完成上梁。然而翌年，义政因中风发作而去世。按其临终遗言，山庄仿效鹿苑寺（旧北山殿）被改建为禅院，以义政的院号为名，称为慈照院（后称慈照寺），俗称银阁寺。

后来随着幕府的衰亡，银阁寺也逐渐走向没落。16世纪中叶，在附近的瓜生山城等地的战国攻防战中，大部分的建筑皆遭毁坏，仅东求堂与银阁尚存。从考古学的发掘结果来看，现存景观是江户时代以后的建筑。16世纪下半叶，进行了移动东求堂位置等院内整修，江户初期大规模地修复了庭园中建筑，建造了库里[1]。幕末之前建成了向月台和银沙滩，越发接近于现代的庭园风貌了。

义政因东山山庄而被称为东山殿，在义政时代中，15世纪后半期达到顶峰的文化被称为东山文化。东山文化是一种融合了公家、武家、大陆文化和庶民文化的复合文化。在这个时代中，出现了精于舶来品鉴定和客厅装饰的三阿弥（能阿弥、艺阿弥、相阿弥），以及受义政宠爱、建造了室町御所（室町殿）和相国寺阴凉轩庭园的善阿弥等人。这些拥有阿弥号、作出家人打扮、在将军身边处理杂务的人被称为“同朋众”，其中不乏出身卑贱之人。善阿弥就曾是受歧视的贱民，被称为山水河原者[2]。

这一时期的公家为了谋求自身的存在证明，着手研究《古今和歌集》、《伊势物语》、《源氏物语》等古典著作。受应仁之乱和文明之乱的影响，许多公家人员流散到奈良或京都附近的各国或领地。即使文明九年（1477年）在战乱暂息之后，公家

1　库里，寺院的厨房或住持及其家人居住的地方。

2　山水河原者，卑语，因日本旧时在京都四条河原演出而得名的卖艺卖唱者。

中也有一百多家因为需要确保领地或财力不济而搬去地方居住，甚至连关白都有不在京都的时期（因成人天皇的连续即位，在1433年至1629年间没有设置摄政职位。院政也中断至1611年）。很多地方武士从这些公家人员那里学到了古典知识，促进了领国文化的发展。宗祇、宗长等连歌师一生游走于诸国各地，在推动文化向地方扩散这一点上也发挥了极大作用。

东山文化有浓厚的生活文化色彩，孕育了众多流传至今的事物，其中最重要的是立花[1]和茶道。六角堂的僧人池坊专庆与专应将立花提升到了造型艺术的高度，此后池坊流一直引领着插花界。茶道方面则出现了村田珠光，推进了书院茶道的简朴化。他认同连歌师心敬的歌论，提倡淡泊闲寂之美，一改此前过于珍重舶来品的风气，同时寄心于备前、信乐等日本器物的朴素之美。义政的东求堂同人斋是仅有四叠半大小的小书院，却成了风靡16世纪的四叠半房间的先驱，对草庵茶道传承书院茶道产生了影响。

应仁之乱后的京都

一般认为，应仁之乱使京都整体化为废墟，然而事实并非如此。确实由于乱中的三次大战，“二条以北，北山东西皆烧为荒原，些许幸存之处，唯余将军之御所”，禁里（土御门内里）、仙洞（院御所）变为“阵屋[2]”（《应仁略记》）。然而与此相对的是，下京似乎并没有遭受重大破坏。

然而，在明应三年（1494年）七月的大火中，北至三条坊门小路、南至五条大路、东至乌丸小路、西至堀川小路的大片

---

1 立花，日本最古老的插花样式。

2 阵屋，军营。

范围均被烧毁。据说被烧毁的房屋有一万间，土仓有四十多处。下京化作一摊废墟。在那之后，上京下京火灾频发，其罪魁祸首是盗贼团。上京中，由于明应九年（1500年）的大火，虽然内里平安无事，但包含公武家房屋在内的城市中心部皆化为灰烬。烧毁房屋的数量超过了下京的明应火灾。此外，延德四年（1492年）五月，京城内外的富人因传染病死亡过半，上京的道路上堆满了死人和病人。明应九年五月也有疫病横行京城内外，死亡人数众多。

应仁之乱结束后离开的并不仅仅是东西两军，地方守护等人也因不用再被迫驻守京城而撤回了自己的藩国。土仓和酒屋失去了公家和军队这两大客户，深受打击，以至于有“三百多家破产”（《别本赋引付》）。此外再加上战乱后的大火和疫病的影响，城市人口锐减，战国时期的京都缩减为一个规模极小的城市。

上文中提到的上京和下京的叫法，是在14世纪末代替上边和下边开始使用的，在当时它们仍是一组地域称呼，用来区分连续成片的市区。然而，在16世纪的战国时期，上京与下京之间出现了巨大的空地，二者完全地分离了。以武家为中心、公家和寺院神社人员居住的政治色彩浓厚的上京，和作为商业地区的下京，说是两个城市也不足为奇。上京最南端为近卫路，下京北至二条路、南至五条路、东至东洞院（路）、西至油小路。上下京通过南北走向的室町路勉强连接在一起（图6-1）。据推测，当时的人口已经减少到三万人左右。

治安的恶化与“构”的出现

应仁之乱后幕府的衰落也导致了京都治安的恶化。当时

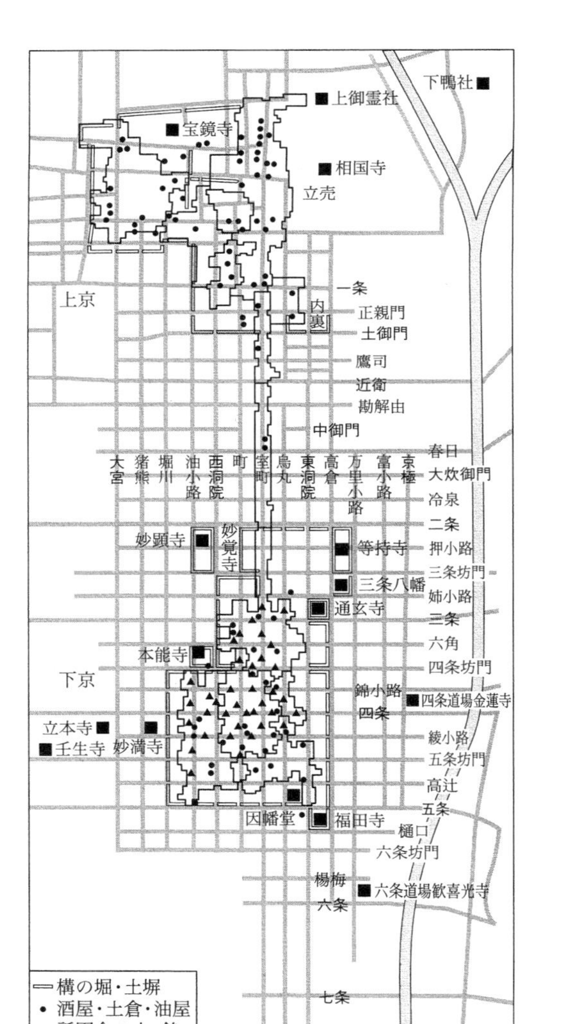

图6-1 战国时期的京都市街道图（原图：高桥康夫氏）

的公家在日记里写道，“总体看来，京中每夜一片狼藉，不堪忍受，或有盗贼，或有放火，或有掷石块者，不可计数”，抱怨各家各町到夜晚也无法安睡（《后慈眼院殿记》）。此外，农民起义也时有发生，明应四年（1495年）发生了“市民及土仓众人”在高仓室町将起义者“打死数十人”的事情（《后法兴院记》）。每逢事端，武将的军队便出入京都，经常施暴破坏、寄宿、非法课税和征徭役。

治安的恶化导致京都的警卫与自我防卫能力的提高。这种防卫从镰仓时期便已开始，文安四年（1447年）农民起义时，为了防御敌人，关闭了御所周围的“针（钉）贯”（《建内记》）。钉贯是“设在各个街道入口处，夜晚将其关闭的门”（《日葡字典》）。内里各门的外侧常设有钉贯，即使是公卿或实力派大名的家臣也不得随意通行。

应仁之乱后，京中各处出现了作为要塞的“构”，还配备了由市民组成的自卫军。构由包围居住区的土墙、在出入口建造的木门、钉贯和塔楼等组成，并多有护渠环绕。构除了建造在单个町的周围，文献中也有东寺的构及建仁寺总构等的记载。应仁之乱、文明之乱后，上贺茂的几个町集体住进了有护渠和土堡保护的地区。随后在天文三年（1534年）四月，京中各町奉细川晴元之命挖掘了环绕上下京的“总护城河”（《言继卿记》）。在近年的京都发掘中，确认了很多包括战场阵地在内的室町时期的渠状遗址，以及疑似土堡的建筑。在京都七口也曾设有钉贯。当时的京都可谓是要塞之都，构的聚集地。

洛中洛外图屏风是一种风俗画，制作于室町后期至江户时期，描绘了京都市内与郊外的风貌。它的出现是在京都的

图6-2 四条坊门西洞院一带的市民房屋 上杉本《洛中洛外图屏风》下京只第四扇局部(收藏于米泽市上杉博物馆)

町开始从战火与大火的废墟中复兴,明应九年(1500年)停办已久的祇园会重新举办之时。制作于战国时代的洛中洛外图屏风现存三件,分别为国立历史民俗博物馆(简称历博)所藏的甲本(旧町田本)和乙本(旧高桥本),以及米泽市所藏的国宝上杉本。它们都由一对屏风组成,右扇以聚集了足利将军及管领等京都的统治者宅邸的上京为中心,左扇以内里和下京祇园会的热闹场面为中心,众多人物、四季景色以及各种活动相互交织,构成了屏风的画面。将两扇屏风相向而置时,仿佛如站在上京与下京之间,从高空鸟瞰京都一般。

这其中上杉本知名度最高,被认为极具美术价值,从中我们可以看到京都自我防卫中令人意想不到的一面。四条坊门西洞院一带的房屋应该是其典型代表(图6-2)。在面向与西洞院川平行的土墙的门上建有塔楼。看似为塔楼窗户的洞口实际上是射箭用的城堞,四条坊门西洞院角还设有钉贯。

法华起义与山科本愿寺

下京周围有许多法华宗(日莲宗)的寺院。在上杉本中就有本圀寺、本能寺、妙觉寺、妙显寺、顶妙寺、本满寺。法华宗在南北朝时期传入京都，据称其信众“文明之乱后，遍布京中”（《后慈眼院殿记》）。这些法华宗信徒是京都的市民，以当时各自皈依的菩提寺为中心团结起来，还曾有过军事行动。

另一方面，被誉为净土真宗（一向宗）中兴之祖的八世莲如，通过积极推进教化来招揽末寺与门徒，由经北陆地区进入近畿，扶植自己的势力。其门徒主要为工商业者与农民，他们发起一向起义，为了保护本愿寺的教义及权益，同守护和幕府等展开斗争。莲如于文明十年（1478年）开始，在山科盆地的中央略偏西处开始修建本愿寺。寺院由三片区域组成：位于西端的“御本寺”，主要的堂舍林立于此，东面是门主的旁系庶子一族以及门主的近侍僧侣所生活的“内寺内”，再往东北是一般门徒和工商业者居住的“外寺内”。寺院范围据说达到了南北长1 000米，东西长800米。寺院周围还设有土堡和护渠等防御设施，时人云“寺内广大无边，庄严如佛国，与居士住处及京内无异”（《二水记》）。

通过1997年对御本寺西南部分的发掘，可以看出护渠的规模与土堡的构造。在调查地点的土堡高5～6米，基底部分宽约15米，两侧的斜面很陡。观察其断面，可以看出泥土被有效地堆积起来，形成版筑（土墙及土壇的建造法，用木板作外框，向内填土并用杵一层层地加固）状。明应五年（1496年），莲如于摄津大坂结舍隐居，这就是石山御坊（又称御堂、石山本愿寺）。

本愿寺命令畿内地区的门徒发动起义，起义军在堺市及奈良放火，还表现出进攻京都的架势。天文元年（1532年）在京都发生的法华起义，正是由于细川晴元恼于接连不断的一向起义，而将京都的防卫委托给法华门徒所致。作为提供武力帮助的回报，法华门徒获得了京中警察及维持治安的权力。法华起义击退了一向起义，并进行反击烧毁了山科本愿寺。之后又同畿内各地的一向起义和农民起义交战。法华门徒的势力不断扩大，以至于发展到要求统治山科与东山的农村，以及京中全境的拒付地子（后述）运动。这些要求招致了领主势力的不满，天文五年（1536年）法华宗遭到了近江国的战国大名六角氏以及延历寺门徒的攻击。日莲宗二十一处本山皆遭焚毁，法华起义随之失败（天文法华之乱）。室町幕府禁止日莲宗寺院的重建，直到天文十一年（1542年）才允许其返回京中。

战国时期的祇园祭

祇园神社在应仁之乱中被卷入战火，连神体[1]都移至五条一带避难，祇园会也被迫中止。直到三十三年后的明应九年（1500年）祇园会才得以恢复，举行了神轿启行与山戈彩车巡游。六月七日，在看台上的公家、武家与沿道众多庶民的围观下，25辆山车以及一辆戈车进行了巡游，十四日则出动了10辆山车。原本幕府下令如果神轿无法及时准备好，就要用神木代替，但最终神轿似乎设法赶上了巡游。山戈彩车（风流[2]）的数量总共有36辆，没能达到战乱之前的58辆。

早岛大祐认为，明应七年至永正五年（1508年）间京都开始复兴，之所以祇园会能在此期间得到恢复，是因为社会政治

1 神体，作为神灵依附之物用于祭祀并成为礼拜对象的神圣物体。自古以来多使用镜、剑、玉、戈、肖像等。

2 风流，指风流车，在节日游行中装饰华丽的车。

状况不稳定，特别是长期的火灾与疫病流行推动了御灵信仰的传播，祇园会正是为了应对这种状况，由室町幕府及地下人（住在城区里的非殿上人，普通居民）双方合力恢复的。

关白九条尚经的日记中记载道：明应三年的下京大火之后，在一个叫“姉小路大神宫”的地方出现神谕，称此次大火皆因祇园御灵会三十三年未举行而导致祇园神恼怒作祟，今后火灾还会发生，因此下京的地下人在应该举行祇园会的八月七日与十四日在神前供奉风流车，希望以此平息神灵的愤怒（《后慈眼院殿记》）。由这个事例可以看出，市民的祇园神信仰因对大火的恐惧而觉醒，从而试图用供奉风流车的形式来重振祇园会的可能性。

早岛认为，以往幕府重视祇园山戈彩车的巡游，是想要彰显其权力，与此相对，下京的一般官吏从御灵信仰的角度出发，认为祇园会是罹难地区居民的祭礼。按照早岛的推想，到16世纪中叶，为了维持山戈彩车的运营，处于中心地位的町（亲町）把起辅助作用的町（寄町）组织起来（即町组，后述），从各处房屋土地收取均等数额的钱作财政来源，所以为了不让房屋土地的所有权流至町外，设置了限制土地买卖等措施，这样就建立了以山戈彩车的运营为基础的町共同体。该假设虽然需要再进一步地收集证据来完善细节，但比起以往的见解——从市民自治的泛泛而论直接跳到“町众”的山戈彩车运营——而言，早岛的观点基于史料且更具说服力。本书暂且采用早岛的假设。这样一来，山戈彩车巡游便终于成了由京都市民主导的活动。

顺带一提，有一出叫“阄罪人”的狂言，演出的就是主人作为祇园会的头头（负责人）召集町中居民，讨论今年祭礼巡

图6-3　祇园祭鸡戈山车的挂饰　《伊利亚特》“出征前与妻子告别的赫克托尔”，17世纪初期比利时制毛毯，重要文化遗产的复原新作。（提供：公益财团法人祇园祭山戈彩车联合会）

游中的山形彩车应该如何装扮，虽然大家有很多提案，但每次太郎冠者[1]都跳出来抢风头反对的故事。现在的山戈彩车装饰题材已经固定化，但从这个故事中我们可以感受到战国时代的气息——山戈彩车的运营变为由各町居民负责。在那之后，随着与异国文化的接触，中国、印度、波斯乃至于欧洲等广大区域的染织品传入日本，山戈彩车的挂饰也因此变得更加豪华（图6-3）。

负责戈车的町，从神事最初活动结束的七月一日晚上开始，便在町会所的二楼练习祇园杂子[2]。听到四条室町一带传出的叮叮当当的钲声时，即使不是地道的京都人，心情也会变得喜悦而明快。京都在山戈彩车巡游时迎来夏天的最高潮。

两侧町的成立

成立于镰仓时代末期的单侧町（四丁町）逐渐与街道对面的单侧町相合并，形成了名为两侧町的新町（参照图3-10）。即使在现代，两侧町也是京都的基础单位，例如位于中京区新

1　太郎冠者，狂言角色之一，大名等主人的手下仆人中的第一人，狂言角色中最具代表性的人物。

2　祇园杂子，在祇园祭的山戈彩车上，用笛子、太鼓、钲等进行演奏的伴奏。

町路蛸药师上行路的六角町便是其中一例。两侧町全部被称为tyoo而不是mati[1]。在京都的老城区，所谓的mati只限于室町路、新町[2]路等路名，作为生活共同体的町被称为tyoo。如今为祇园祭提供山戈彩车的町被称为山町和戈町，位置与战国时代的下京范围重合。六角町作为山町，其彩车是北观音山（虽说是山车，但并不是被人抬着，而是有车轮需要牵引的彩车）。

两侧町首次见于史料是在15世纪末，战国时期的洛中洛外图所描绘的正是两侧町的景象。仁木宏认为，各个町在天文年间（1532 ～ 1555年）形成了一个相互关联的集团，换言之有房阶层（市民）的共同体。这个集团有以下职能：① 禁止町内土地及房屋的随意买卖，② 为各临街商铺的生意提供保障和融资，③ 将每个成员的权益得失视为整个町的问题。当时上京中有120个町。

在很多时候，个人纠纷会演变成两个町之间的冲突，或是武家势力与町之间的武力冲突。天文十九年（1550年）七月，一条殿御门前之町与誓愿寺门前町发生冲突，造成一人死亡、多人受伤，最后以"上京中"的名义进行了仲裁（《言继卿记》）。天文十四年将军家小舍人[3]与"下京一町"发生冲突，最终导致三条町全部被烧毁，住宅遭到破坏（《岩助往年记》）。混乱的治安与频繁的冲突对市民的生命和财产安全构成了严重威胁。町作为提供地缘性共同保障的场所，自主救济（通过自己的实力恢复或讨回受到侵害的权益）的主体，拥

1　日文的町有两种读法，tyoo与mati。

2　分别读作muromati，sinnmati。

3　小舍人，日本旧时服侍皇族、贵族的作杂务的下级官人。

有自己的武装和诉求也在情理之中。

另一方面，也有许多靠单个町无法应对的问题，例如对抗外部的武力与暴力、维持山戈彩车的运营、清扫流经市内的河道、疏浚侧沟等。因此邻近的町与町之间形成了日常性的连带关系。这种连带组织就是町组（组町）。把上京与下京的町组分别松散地联合起来的就是总町，由各町组选出的长老负责运营。总町在天文十年（1541年）左右已经出现，上京的革堂与下京的六角堂作为总町的会所（集会所、事务所），在危急时刻会鸣钟警示整个总町。战国时期的京都居民，在紧急必要的时刻通过总町的形式来保障町组乃至个体町的自治及自律性。换言之，京都形成了由居民构建的总町—町组—个体町的多重构造。

然而，我们并不能不切实际地认为京都已经成为自由都市或居民自治的乐园。毕竟在当时的京都存在着天皇、公家、寺院神社、幕府、武士等各种统治者。各种公私统治错综复杂，无法从庄园获得利益的领主在京都的城区及住宅区征收“地子”（屋地子），即广义上的年贡，除此之外还有幕府的酒屋及土仓役、地口钱、栋别钱等城市税。但是，由町组—个体町形成的上下京的自主自律性秩序给统治阶级带来了各种各样的制约，导致他们若不遵循并以某种形式利用这种秩序的话就不能实现稳定的城市统治。所谓“市民的自治”，实际上指的就是这种状况。

城市卫生状况的变迁

在第二章中，我们已经详细地介绍了平安京的卫生状况，在那之后事态并未得到大的改善。南北朝时期有名的《二条河原落书》中写道“去年火灾后的空地，均已变为粪福（厕所）”，至少当时京中平民还是在路上或空地处排泄的。

《应仁记》（一卷本）中记载了京中屎尿横流的终结期。该书成书于15世纪末，描述了因应仁之乱而荒废的京都。书中提到有人非法侵入二条御池殿，“贱民造屋于御池上，排污流秽”，作者因此仿效古时以金谷园为题的古诗，作诗一首：“彼时二条粪满地，人厌之；今日二条，处处尿满园。”

由于疫病的流行祇园御灵会得以恢复，而疫病之所以会流行，在很大程度上是由不卫生的城市环境所导致的。然而到了洛中洛外图屏风的时代，卫生状况有了长足的进步。历博甲本中描绘了町屋的公厕，乙本描绘了路上的公共厕所。到了堺市博物馆所藏的《聚乐第行幸图屏风》的时代，甚至出现了设在宅邸院中的公厕。关于这些屏风的制作时期虽然众说纷纭，但可以确定的是历博甲本完成于1525～1535年间，《聚乐第行幸图屏风》描绘了天正十六年（1588年）的后阳成天皇临幸，历博乙本制作于稍后的16世纪末。此外，在近卫与西洞院十字路口的西北处，安土桃山时代整体地层的下方，发掘出了疑似路面公厕的设施。16世纪之后的京都，路边也设有供行人方便的小便壶。

值得注意的是，这些厕所中无论哪个，都与平安贵族的樋殿有本质上的不同，它们是储存排泄物再掏出式的厕所。永禄六年（1563年）赴日的葡萄牙传教士路易斯·弗罗伊斯称“我们的厕所位于屋后不见人处，他们的厕所置于屋前，所有人都可以使用”（《日欧文化比较》），这也从一个侧面证明了当时路面公厕的存在。进入16世纪后，京都的街头排便逐渐演变成了使用掏取式厕所。

人粪的肥料化

伴随着农业的发展，肥料的需求高涨，城市人的粪尿也渐渐受到关注，这推动了掏取式厕所的普及。想要让人粪成为起效快肥力高的肥料，就需要将其堆积在沤粪池中腐熟至青色，而这一切的前提，就是必须对厕所的排泄物进行管理。

洛中洛外图屏风中也描绘了京外（近郊）农村的农业活动。上杉本中有一部分描绘了水稻种植的画面，而描绘小麦和蔬菜的种植的画面所占的比重则要更大。具有代表性的是下京只第六扇（左端）至第五扇中，描绘吉田乡间的麦收、脱谷及精加工过程的画面，以及同样在下京只第五扇中，声门师村子的下方田地中蔬菜收获的画面。后者中有人用扁担挑着粪桶。在历博甲本下京只第五扇大约中央的位置，也有给旱地施肥的场面。

当时京都周边形成了大规模近郊型农业，邻近消费市场，而旱地耕作所占的比重较大，或许与此有关。与大米不同，小麦需要大量的肥料，随着一年两熟的普及，开始出现复种小麦的栽培，肥料的需求便增加了。蔬菜自不必说，是必须施肥的。

享受美食的人的粪尿比只吃粗茶淡饭的人的更有肥力。比起农村，当然是生活水平高的城市人的粪尿更受欢迎。京都近郊不仅有蔬菜等旱作物需求量大的优势，在保障优质的人粪尿方面也有良好的条件。给菜园施人粪尿肥料的做法虽古已有之，但与近郊型农业相呼应的掏取式厕所，到这一时期才在京都中真正确立起来。

弗罗伊斯还在书中写道，“我们付钱给清扫粪尿的人，日本则用米和钱购买粪尿”，“在欧洲，马粪被投入菜园，人粪被扔到垃圾场。在日本，马粪被扔到垃圾场，人粪被投入菜园”（同上）。实际上，从京都的町屋居民处收购的粪便，是在沤粪池充分腐熟之后,才在田地中使用的。

成为世界上最干净的城市

行人在公厕排泄的屎尿归管理该道路与厕所的两侧町所有。各町将屎尿卖给近郊农民,获得的收入纳入自己的町入用(町内的收支结算),作为町的运营经费。

京都蔬菜美味,有口皆碑。酸茎菜、竹笋、圣护院白萝卜、壬生菜、桂瓜、七条的芹菜、九条的葱、堀川牛蒡、鹿谷南瓜……酱芜菁片等京都酱菜也是名闻全国。经过了掏取式厕所在京都的普及,同时街头排便的习惯已成为过去式的过程,京都的蔬菜才声名鹊起。

庆长十四年(1609年)来日的西班牙人罗德里格·德·比韦罗写道:"这座城市面积如此广阔,交通繁盛,街道及房屋又十分干净,我在世界上其他任何国家都没有见过这样的城市。"(《日本见闻录》)如其所述,前近代的日本道路和城市的清洁程度在全世界都是出类拔萃的。这正是因为前文所提及的那样,京都通过将城市的粪尿作为肥料用于近郊农村,实现了循环利用和生态系统的维持。

与此相对,欧洲城市的社会史就是一部漫长的scatology(粪尿谭[1])在反复上演。欧洲的农业特点因此间休和牲畜粪便维持地力,所以直到近代,人的排泄物都是难以处理的无用之物。

信长入京

永禄十一年(1586年),织田信长伴随足利义昭上京。他

---

1 粪尿谭,围绕排泄物的故事或话题。

流放了三好三人众（长庆的家臣们），重振幕府，实现了实质上的畿内统治。虽然信长为义昭修建了二条城（为了同如今的二条城区分，以下称为旧二条城。安土筑城之际被拆除），但实际权力却掌握在信长自己手中。因此二者逐渐反目，天正元年（1573年）义昭同浅井、朝仓、武田氏于旧二条城举兵，但并未成功。当时信长在上下京征收军费，下京服从了命令，而拒不听命的上京则被烧毁。义昭在暂时议和之后，同年七月又于宇治槙岛起兵，然而依旧以失败告终，被流放出京都，延续十五代的幕府从此灭亡。

旧二条城与现在的二条城没有任何的关系，二者所处的位置也不同。旧二条城位于连接上下京的室町路中部，意在掌控双方。旧二条城是由原有的武卫阵（实力派守护斯波一族历代的宅邸）遗迹，也就是之后的将军义辉宅邸整改建造而成，否定了信长入京之前的统治者、杀害义辉的三好氏所施行的体制，具有象征性意义。1974年，市营地铁乌丸线工程开工，工程进行到一半时，从出水到丸太町的各条东西向道路的十字路口附近发现了东西方向的石墙，这便是旧二条城的遗留构筑物。石墙由天然石堆积而成，称为毛面堆积，周围有两道护城河，部分石墙现移至京都御苑与二条城内保存。

上杉本《洛中洛外图屏风》

近年，围绕上杉本的制作年代问题多有议论，为了寻找其确切的答案，我们就必须正确解读隐藏在画面中的屏风订购者的意图。濑田胜哉注意到，上京只中，大约位于中央位置的管领细川晴元的豪宅、环绕在其周围的细川一族、晴元的家臣三好义兴（长庆之子），以及仕奉三好家的松永久秀等人的房屋，所有的房屋在画面中都地位分明秩序井然地排列着，其左下角的将军宅邸（今出川御所）被描绘得尤为出众。濑田指出，屏风中同时出现了已经垮台消亡的细川晴元体制，和取其而代之的三好、松永新兴势力，这并不是制作屏风时的真实景象。他认为，屏风画面描绘的是当时的将军（足利义辉）的政治构想，这位将军不甘于做三好众人的傀儡，联合各国大名试图重振将军的权威，画面中正是这位将军所期待的政治秩序。因此，该屏风必然是于永禄八年（1565年）——义辉被杀害的那一年——之前制作的，而上杉谦信又曾是其盟友，会收藏该屏风也就不足为奇了。

黑田日出男继承了这一观点，他认为上杉本是义辉向狩野永德订购的商品，画面中乘轿前往将军宅邸的人物正是上杉谦信（图6-4右上角），意在敦促其上京扶持幕府。然而义辉因松永久秀等人的袭击而死于非命，之后永德为了将自己

图6-4　将军宅邸与乘轿的贵人　上杉本《洛中洛外图屏风》上京只第四～五扇，局部（藏于米泽市上杉博物馆）

的画作卖给京都的新任统治者织田信长，就将失去了订购人的屏风展示给他看。信长因为需要维持同盟来对抗甲斐的武田氏，所以在天正二年（1574年）将屏风送给了上杉谦信。

信长时代的京都

织田信长进京后，任命村井贞胜为京都奉行，令其统治京都。村井大规模修整了荒废于战国时期的御所，并与明智光秀一同管理京都。村井是信长所信赖的幕僚之一，幕府灭亡后担任了所司代[1]（担任城市行政的所司——幕府侍所的长官——的代理）一职，然而在本能寺之变时，村井与信长的长子信忠一同战死于二条新御所（诚仁亲王御所）。

信长对于京都的统治止于他横死在本能寺的天正十年，只有短短15年。信长本人忙于征战各地，又经常回到自己的大本营岐阜或安土，所以住在京都的日子总计只有800天左右。京都真正的复兴，是在丰臣秀吉的时代才能开始的。

在信长的许可与村井的援助下，日本各地修建了南蛮寺[2]。现在京都仍有几处当时建造的基督教教堂，其中最出名的是位于室町路与新町路之间，四条坊门小路北侧（现中京区姥柳町）的教堂。该教堂于天正五年（1577年）完工。在狩野元秀所绘《南蛮寺扇面图》中，它是一栋三层和式建筑，周围有五名身着黑衣的传教士。妙心寺的内院春光院中存有据称是来自南蛮寺的钟，上面铸有1577年的年号和耶稣会的纹章IHS。在1973年的南蛮寺遗址发掘中，在垃圾坑内发现了石砚，其

1　所司代，室町时代侍所（武士衙门）长官“所司”的代理官员。应仁之乱后，成为实质上控制京都的要职。

2　南蛮寺，16世纪后半叶建于日本各地的基督教教堂的俗称。

背面雕刻的图画中，大鼻子、穿西裤、戴眼镜的祭司正在举行基督教弥撒。

在信长时代的天正三年四月中旬到五月下旬，萨摩藩武将岛津家久在参拜伊势神宫的途中造访京都，在连歌师里村绍巴的带领下参拜寺院神社，遍访名胜。他游览的地方包括嵯峨、东山（清水、祇园）、北野（千本、北山）、鞍马等。五月一日观看了贺茂祭，五月中旬受到与绍巴关系亲密的明智光秀的邀请，做客近江坂本城，并乘屋形船游览了琵琶湖，参拜了日吉大社、大津和石山。这些地方都是后人在游览京都时的必游之处，绍巴应该是考虑过一套方案，确定了哪些地方该带地方上的进京者去参观。家久在从参拜伊势神宫返回途中，于六月三日前后再次进京，途经宇治、伏见、稻荷，并观看了祇园会。观看贺茂祭和祇园会应该是预先就安排进行程的活动。

秀吉的京都改造

前田玄以原本追随织田氏，是村井贞胜的女婿。本能寺之变后，他在信长次子信雄的手下担任京都奉行。丰臣秀吉掌权后，前田继续负责处理京都的各项事务，他精通仪制、手腕高明，深得秀吉赏识，到庆长五年（1600年）关原之战的前一刻为止，共在其位十七年。

随着全国统一的逐步推进，秀吉对京都进行了大改造，使之成为与国家政权中枢相称的城市。首先，于天正十四年（1586年）正月开始在大内里遗址（内野）的东北角建造聚乐第[1]。翌年九月秀吉移居其中，并在周围建造了聚集诸国大名

1 聚乐第，丰臣秀吉在京都建造的城郭式宅邸，为桃山文化的代表性建筑。

的武家町。天正十六年四月，秀吉迎驾后阳成天皇，并于天正十八年对土御门东洞院内里的主要建筑进行了重建，将公家宅邸聚集在其周围，重编为公家町，公家町在江户时期通过驱赶民家进一步扩大规模，至宝永六年（1709年）达到最大规模。此外，秀吉接连不断地提出了大胆的城市改造政策，比如在天正十五年与十七年两次免除检地与地子钱、设定长方形街区（天正画地）、设定寺町与寺之内、迁移本愿寺、天正十九年建造御土墙等。

聚乐第与旧二条城一样，都是建在平地上的城堡，有内郭与外郭双重构造。通过三井文库所藏的《聚乐第图屏风》（制作于17世纪前期）可以一窥其昔日风貌。内郭西北有天守阁，连角楼和城墙都装饰有金箔瓦。因为秀吉在前一年就任关白，考虑到公家的传统，御殿的屋顶使用了扁柏树皮葺顶。外郭有架于护城河上的桥和正门。聚乐第故址如今只保留了一部分遗址和与其相关的地名，但在2012年京都府警察总部西阵待机宿舍的建设施工时进行的发掘调查中，发现了内城南边东西方向的石墙与内城的南护城河（图6-5）。石墙用大块的天然石按安稳的坡度整齐地堆起来，运用了高水平的技术，与同时期秀吉建造的大坂城有异曲同工之处。虽然有人

图6-5　聚乐第的石墙　聚乐第内城南端石墙最底部的遗址，上半部已被毁坏。摄于2012年12月24日的现场说明会（中村武生提供）

呼吁将遗迹保护起来，但最终并未实现。

一般认为，京都的街区是被东西南北方向的道路划分成围棋盘一样的方格，但现实中街区并不是棋盘上一样的正方形格子，诗笺般的长方形才是街区的基本形状。这是因为秀吉在京都改造中，为了有效地利用原有町内的中央部分，在平安京时期的南北向道路中间又修建了一条新的道路。以前人们认为既然这种城市规划并没有出现在下京地区的现有市区中，那么下京当时应该并没有新建过道路。然而，在市立堀川高中的教学楼改建发掘中，发现了在因条坊制而来的油小路与堀川路之间，有属于室町后期至江户前期的道路（丰臣时期的醒井路）和栅栏，以及其西侧的水渠（古田织部宅邸的东渠）。这样一来，丰臣政权没有对“町众”自治力强大的旧下京出手的普遍认可的观点就值得商榷了。

秀吉永久免除了京中地子钱，其目的是为了否定贵族及神社寺院在市内拥有的一切领主权力，使京都处在统一权力的专治之下，有些城市居民有法华起义等拒付地子钱的经验，秀吉的这种做法同时也能消除他们的不满情绪，将京都变成无税之都，还可以保护发展工商业，可谓是想获得一石三鸟的效果。

京中、京外与寺町

天正十八年，三条和五条架设了横跨鸭川的大桥。五条大桥并不是在平安京的五条（现松原路），而是几乎位于六条坊门路的延长线上。这是因为考虑到了大佛寺参拜，后面将会详细描述。鸭川上的其他桥梁依旧是在水面上铺设木板的临时桥梁（浮桥），就连祇园的神轿都是通过四条的浮桥往返，

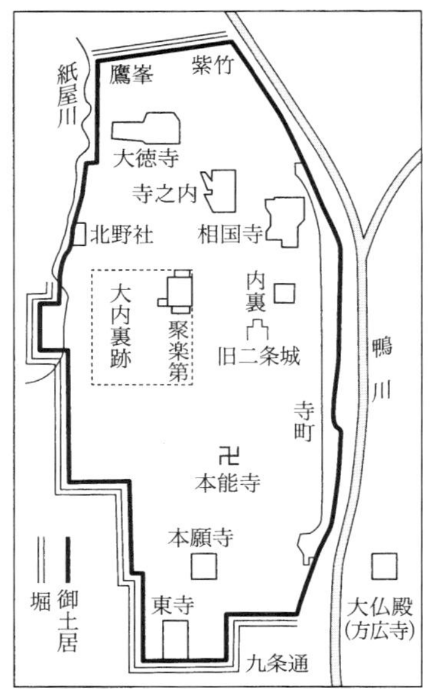

图6-6　织田、丰臣时期的京都推测图（原图：中村武生，有部分补充）

这种情况一直持续到幕末（参照图2-5）。

御土居护城河分别由宽20米的巨大土垒与护城河组成，总长23千米，将京都整个包围起来（图6-6）。关于其建造目的有诸多说法，例如保护市区不受鸭川洪水侵袭，或划定城市规模等。以御土居护城河为界，其内为京内（上京和下京），其外为京外。御土居妨碍了御神幸[1]和参拜祇园神社等活动，引起了不满，因此在秀吉去世后的庆长六年（1601年）在四条上开设了出入口。

寺町与寺之内因寺院被集中于现寺町路，即上京的现寺之内路东侧而得名。信长葬身的本能寺也从堀川高中附近转移到了现在的寺町御池。寺町还兼具了城市东城墙的功能。可以说，御土居护城河和寺町在代替了个体町的构的同时，尝试进行了京都的整体防卫。也就是说从以个体町为单位的安稳与和平向京都整体和平的方向进化。在京都的中心、曾经的平安京大内里遗址上率先建成的聚乐第，其聚（集）乐（自由、和平）的名称意义绝非出于偶然。

从山科移至大坂宝刹的本愿寺在元龟元年（1570年）后，

1　御神幸，祭祀或迁宫时，神体坐在神轿等上移动行进。

一直同信长军进行着石山之战。天正八年(1580年),双方在朝廷的斡旋下讲和。十一世显如等人离开了石山本愿寺。一行人辗转各地,在天正十九年得到了秀吉赏赐的七条堀川,便将寺院移至此地(西本愿寺)。显如去世后,长男教如继承其位,但在翌年因秀吉之命让位于自己的弟弟,后隐退。庆长七年(1602年),德川家康赐给教如七条乌丸之地,故在此建寺(东本愿寺)。至此本愿寺分为东西两派。两所本愿寺巨大的寺内町被称为东寺内与西寺内,虽设有町制,但并不属于京内,在明治之前都归两所本愿寺管辖。

天正十一年,秀吉开始在石山本愿寺的遗址上修建大坂城。在之后他在世的十五年间中,因为要接受住在大坂城的丰臣家直属家臣们的年初朝贺,有九次于大坂城迎接了新年。大坂是丰臣秀吉的本城(城下町),与此相对,京都是德川、毛利、伊达、岛津等外样大名[1]的聚集地,是进行天皇公家礼仪的“公仪”之都。

只有镰仓、室町、江户三个全国性武家政权才能被称为幕府,这种约定俗成的说法,其实是发源于明治的近代历史学摇篮期,被后人继承下来,逐渐成为常识。而与此相对的是,中世后期在各个独立政权的斗争日趋激烈以后,“公仪”被用来显示霸权的正统性,天下统一后代表国家或领国的正统权力也被称为“公仪”。德川权力被称为幕府是江户后期以来的事情,在那之前被称为“公仪”,当藩为“公仪”之时则被称为“大公仪”。如此看来,称丰臣权力为幕府似乎也并无不妥……

1　外样大名,没有谱代大名那种君臣关系的家臣。

伏见筑城

天正十五年（1587年）十月，秀吉战胜了九州岛津氏，在北野天满宫的院内和松原举办大茶会，以炫耀自己一统天下。他号召凡是对茶道感兴趣的人，不分贫富贵贱均可来参加茶会。会场的茶席数量一说为800，一说为1 500，并网罗了天下的珍器名物作为装饰，千利休等三名茶人与秀吉本人作为主人，为参会者制茶。

千利休出身堺市，是武野绍鸥的弟子。他继承了盛行于市民间的闲寂茶的传统，完成了茶会及点茶的手法形式，创造了具有独创性的茶室与道具，深化了茶道的精神性，制定了传承至今的茶道规范。利休作为仕奉信长与秀吉的茶头[1]，在茶道方面造诣颇深，但于天正十九年因触怒秀吉而自杀。有人认为他卷入了秀吉政权内部的派系斗争，但真相一直是个谜。利休去世后数年，千家被赦免，得以重振，成了三千家[2]茶道的源头。

同是在天正十九年末，秀吉将关白之位与京都让予外甥秀次，于文禄元年（1592年）开始在伏见筑城。伏见城的历史可以分为四个时期。第一期是作为秀吉的隐居城，建于巨椋池旁的指月山丘。然而，文禄二年秀吉侧室浅井氏（淀殿）生下拾（秀赖）后，秀吉更改了他的政治构想，不再将秀次立为继承人。翌年，秀吉对指月的隐居城进行了大幅扩建，将秀赖接至城中，此为第二期。同年四月，意图谋反的秀次被杀，聚乐第被拆毁，其建筑大部分移至伏见城，成为新的“公仪”场所。

1 茶头，仕于贵人，专司茶事的领头人。安土桃山时代，千宗易（利休）、津田宗及等人曾担任织田信长和丰臣秀吉的茶头。

2 三千家，指的是表千家、里千家、武者小路千家的总称。

建于聚乐第周围的大名宅邸也被全面转移，诸大名与家人一同常住于伏见城下的体制得到了进一步强化。在那之后，被疑为秀次同党的伊达政宗等人，在秀吉在世时一次也没有被允许返回奥州藩国。

文禄伏见地震

第二期伏见城的工程以追求豪华绚烂为目标不断进行，工程已经推进至宇治川左岸堤防上的向岛，宇治川在前一年刚进行了河流改道，从巨椋池东边迂回到北边。秀吉意图利用夹河而建的两座城来提高政权的威信。

伏见城以及后述的大佛殿的建设时期，正好也是秀吉两度侵略朝鲜的时期。文禄五年，为了收拾陷入苦战的第一次朝鲜战争的残局，秀吉打算在伏见城与明朝进行议和谈判。然而闰七月十三日，在正使马上就要到来的时候畿内一带发生了大地震。下京到伏见之间的地区受灾尤为严重，指月城的天守阁连同石墙一起崩塌，压死数百人。地震的震级约为7.5。元历二年（1185年）之后京都虽然在文保元年（1317年）正月五日、康安元年（1361年）六月二十四日（南海地震）等也发生过大地震，但规模和受灾程度方面都不能与本次地震相比。此外，秀吉在向岛的水边大规模种植樱树的计划也以失败而告终，故将赏花地点改至醍醐，于庆长三年（1598年）举行了大规模的赏花活动。醍醐寺的寺院在应仁之乱中基本上全部被烧毁，也丧失了其寺院领地，但义演住持在秀吉的帮助下重建了三宝院，使荒废的寺院重新繁荣起来。

秀吉在第二期指月城被毁后，立刻将城址移至指月后方地盘坚固的木幡山，开始建设第三期伏见城（木幡山城）。时至近代，在该城的中心位置修建了明治天皇的伏见桃山陵，因此一般民众无法进入，也无法亲临遗址进行自由研究。秀吉去世后，德川家康搬入第三期伏见城处理政务，该城于关原之战时被西军烧毁。家康重建了伏见城，并将其作为幕府在畿内的根据地，这就是最后的第四期。

家康被任命为征夷大将军其实并不是在江户，而是在伏见，两年零五个月的将军生涯中大部分时间也是在伏见度过的，而非江户。元和六年（1620年）丰臣氏灭亡后，幕府废弃了伏见城，转而让大坂城来承担其功能，命令诸大名修建了德川期大坂城。伏见城中的建筑被移建至各处，如天守阁就被移到了二条城。17世纪下半叶，因伏见城废弃而荒废的山上种植了数万株桃树，每逢花季，遍山桃花灼灼，人们纷纷前来赏花。虽然从时代的区分方式上来看，桃山时代这种叫法非常适合秀吉喜爱热闹华丽的做派，但当地以桃山之名为人所熟悉，其实是江户中期以后的事情了。

大佛殿的修建

东山山麓，现在的京都国立博物馆以北，沿着大和大路的东侧有一处巨石垒砌的石墙遗迹。这便是奉秀吉之命建造的大佛殿（方广寺）的石墙。大佛殿寺如其名，永禄十年（1567年）奈良东大寺毁于战火，大佛殿便是在京都重建的东大寺。这是一项浩大的工程，自天正四年（1586年）动工，动员了诸国大名及京都民众之力，至文禄四年（1595年）终于竣工。本尊大佛坐像高达18米，超过了奈良大佛，然而据说为了缩短工期，使用了在木制佛像表面刷灰泥的方法。佛像刷灰泥原本是采用了中国明朝的技术，结果反而因此使大佛在文禄伏见地震——破坏了第二期伏见城——中受到了严重损伤。

图6-7 耳冢现状

庆长二年（1597年）九月，大佛殿前举行了为明朝与朝鲜的战死者镇魂的施饿鬼会（为饿鬼道中受苦的一切众生布施食物，进行供养的法会）。法会上用大量带回日本的敌人的鼻子来代替其首级，将这些鼻子埋在“大佛的附近”并修建了冢（《义演准后日记》）。这就是方广寺门前正面路南侧的巨大耳冢（图6-7）。施饿鬼会名义上是为了镇魂，实际上是因为第二次出兵朝鲜的战局不断恶化，为了向日本国内宣传日军处于优势和展示秀吉的“慈（怜悯）之心”而举行的法会（《鹿苑日录》）。

秀吉去世

庆长三年（1598年）八月，秀吉去世。他生前希望自己死后能够被当作神来祭奠。因此安置于伏见城的遗骸在翌年四月被埋葬在东山的阿弥陀峰。当时打点一切的人是德川家康。他在山麓处修建了丰国社，封神号为丰国大明神。庆长九年八月秀吉的七周年忌时，举行了盛大的临时祭礼。《丰国祭礼图屏风》生动地描绘了当时的热闹场面。

庆长七年大佛殿被烧毁。受秀赖的重建之命，庆长十七年铜制大佛落成。此外，这一时期还有众多著名寺院神社的建筑以秀赖的名义得到修复和重建。其中包括东寺的金堂、北野天满宫的殿舍及中门等。庆长十九年,大佛殿的梵钟铸造完成,由钟上的铭文“国家安康”而引发的事端演变为大坂之战,这件事可谓是人尽皆知。在那之后大佛殿遭遇了地震及火灾,现存至今的只剩钟楼与梵钟。

丰臣氏灭亡后,江户幕府废除了丰国社的社号,封闭了殿舍,任其腐朽。今在阿弥陀峰的山顶有一座巨大的五轮塔,作为秀吉之墓,这是1897年(明治三十年)为了纪念翌年的秀吉去世三百年,由名为丰国会的组织在修缮墓地时建造的。当时正是甲午中日战争后,日俄两国围绕朝鲜的统治权问题对立不断加剧的时期。

第七章

印象古都

——江户时代的京都

庆长八年（1603年）2月，德川家康出任征夷大将军，创立德川幕府，开启江户时代。

宽永年间（1624～1644年），天皇、公家、僧侣、武家、上层市民一同创造出清新的宽永文化，回归了平安王朝以来的传统与美感。这一时期诞生了众多高格调的作品，成为汉学与和学相重叠的近世城市文化的源头。

1867年，江户时代落幕。

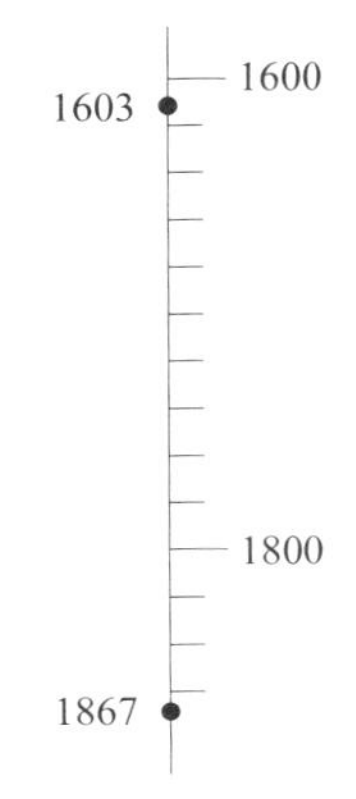

经过秀吉的城市改造，京都市区迅速扩大，上京与下京也重新成为一片相连的城区。到17世纪初期，京都恢复了繁荣，成为拥有近二十万人口的大城市。另一方面，因秀吉之命移居关东的德川家康开始建设江户作为自己经营领地的据点，庆长五年（1600年）关原之战后，家康命令各大名开始建造城下町。

翌年，家康在上京与下京之间修建了面向堀川路的二条城，作为京中警卫及自己进京时的居所。他通过驱赶商贩获得了四町见方的空间，在此修建了绕城的水渠和石墙，并将自己在京中的宅邸移至城内。又过了一年，家康入住城中。讨伐丰臣氏的大坂冬之战与夏之战也是从这里出征的。

当时的日本社会，列岛东部与西部在经济发展程度、文化成熟度、社会的组织结构与习惯、家族构成等方面都有很大的不同。总体来说是西高东低。德川幕府以此为前提，选择了以江户及关八州[1]为基础的国家存在形式。因此对于幕府来说，西日本在自己的统治体制中处于怎样的位置就成了一个需要慎重思考的政治问题。

何谓近代以前的首都

对于实现了中央集权的近代国家来说，首都原则上只有一个。与此相对，在统治体制尚未成熟或多个权力（既有多个政治权力的情况，也有政治与宗教、权威与权力这样的功能上的多元性）并存的前近代，有多个中心或多个首都出现都是很常见的。实际上，在中国和朝鲜的各个朝代，普遍存在着两京

1　关八州，指的是相模、武藏、安房、上总、下总、常陆、上野、下野八个藩国。

制或三京、四京、五京的制度。17世纪末之后，路易十四时代的法国也是一个例子，即王权（及政府机构）在凡尔赛，首都却为巴黎。

在日本的古代前期及后期，也出现了难波宫（京）、恭仁京、紫香乐宫、保良宫等副都。特别是奈良时代的难波京承载着元正太上天皇的期待，即对抗光明皇后及藤原氏的势力、重建天皇族人掌握实权的政治（皇亲政治）体制。此外，在平安初期因平城上皇执意迁都平城京，导致各官衙一分为二、人心浮动，这也是其中一例。

镰仓时代，在权门[1]体制这一松散的政治联合体之下，京都、奈良、镰仓分别为公家、寺院神社、武家的权门据点。室町时代武家势力在京都设幕府，此外为了统管东国[2]十国，还设立了叫做镰仓府的政务机关。在丰臣时期，则是京都、伏见、大坂三都共存。

考虑到上述历史，虽然德川时期政治中心转移到了江户，但也不能立刻断言江户已经成为首都。京都还有朝廷及公家、寺院神社等传统势力，开创了朱印船[3]贸易、掌控全国市场的京都商人的经济实力也不可忽视。在京都、大坂一带，秀吉构建的体制直到元和元年（1615年）都具有影响力。为关原之战的胜利做出贡献的并不是家康的谱代[4]家臣，而是福岛、浅野、黑田、加藤（嘉明）等秀吉手下的大名。从西军人员处没收的大部分领土都被分配给了这些大名以增加其领地。旧丰臣

1 权门，权贵之家。

2 东国，关东地区，畿内以东的地区。

3 朱印船，日本桃山、江户初期，拥有官方许可证从事海外航行的南洋贸易船。

4 谱代，代代仕于同一主人家，亦指该臣下的家系。

系的各大名存活了下来，并且内心并不希望曾经的同辈德川家康扩张权力。

因此德川权力最初是将自己限定于诸大名的盟主这一地位。各大名掌握着自己领地的主权，是独立的存在，对德川将军的义务也仅限于军役（根据俸禄高低所负担的军事上的义务）等。进入元和时期（1615 ～ 1624 年）后，大名开始变得完全服从于幕府的权威，这是推行了将大名贬为平民及变更领地、发行领地分配状、征徭役等多重措施的结果。近世（以下酌情与江户时代分开使用）时代，与其说江户是首都，不如理解成一个首都职能逐渐集中到江户的过程。

所司代与町奉行

在上述的状况下，考虑到京都的历史及其特殊性，幕府设置了京都所司代，实行与江户稍有不同的统治，并在二条城以北修建了庞大的所司代宅邸。所司代的权限包括统管朝廷、公家、寺院神社，负责京都市内及畿内五国和近江、丹波、播磨共八国的诉讼、官司、治安，还包括统治西国。所司代在幕府的职位制度中是仅次于老中[1]的要职，在任期结束之后一般都升任老中。

初代板仓胜重从庆长六年（1601 年）开始担任所司代，共任职十八年，之后其子重宗子承父职，至承应三年（1654 年）共任职三十四年。胜重与丰臣时代的前田玄以同为禅僧出身，非常适合担任与公家及寺院神社打交道的所司代一职。幕府在板仓父子的时代确立了对京都的统治，特别是在重宗

1　老中，江户幕府的职务中具有最高地位、资格的执政官，直属将军。

时期制定的《板仓重宗二十一条》，对诉讼、典当、买卖契约等市政及工商业运行方面都制定了详细的规定，很长时间内都是京都施政的基本法。

17世纪中叶，在幕府畿内统治体制的改革中，于宽文十年（1670年）设置了京都町奉行。这是仿效江户和大坂的东西二人体制，吸收了部分所司代等职务而设立的职位。此外，四座衙役起源于室町幕府侍所的下级官员，在所司代（和之后的町奉行）手下从事向京外的街道或村子、京内的寺院神社传达触（法令或官府的告示）、公武寺院神社的仪式祭礼的警备、治安警察及看守囚犯等工作。之所以被称为四座，是因为四家衙役以四条室町的十字路口为中心，各自负责管辖四分之一的京都。

町的行政

在战国时期，京都形成了总町—町组—个体町的多重构造，在近世后期除了上下京，还有禁里六町町组和东西两座本愿寺的寺内，共五个总町。这其中上京有12个町组、下属767町，下京有7个町组、下属607町。京中的个体町原则上都是属于某一町组，但各个町组并不一定都是一片整体性的区域，在町的数量上也存在着差距。并且在町组内部，战国时期以来的旧町与新开发的町之间存在着亲町与枝町（旧町与新町）这种不平等的关系。但亲町之间维持了平等的联合关系，町组的运营也因此每月的轮值町（当月活动町）为中心来进行的。

在秀吉时代，对町的统治是通过当值町来间接进行的，而德川政权则实现了对町的直接统治。其方法是设置市民身份的町代。在宽文期(1661 ～ 1673年),上京有九名町代、下京有六名,负责向京中各町传达、誊写、发布奉行所的法令或告示。此外,还代替不熟悉官府事务的市民,向町奉行所转达其诉讼、申请等。过去的研究认为早期的町代是“町组的雇工”,然而这并不准确。在统治机构的末端负责町内行政的是町长,从町内的房主中选出,是具有名誉职务性质的官员。

拥有宅地是获得市民身份的基本条件。元禄十三年(1700年),幕府规定经过町代的调查盖章许可方能进行宅地的买卖。这就意味着町代拥有了对市民身份的认定权。另外,以往在决定各町要负担的上下京的公费和町费时,是由两京的长老一同决定的,而到了江户中期,变成了町代自己计算出钱数再通知各町。因此在文化十四年(1817年),下京的某町组上诉称町代行为专横,上下京17个町组团结一致,进行了长达一年半的激烈斗争(町代改仪事件),最终町组胜诉,町组自治在一定程度上得到了恢复。

三都

在幕藩体制下,大坂作为淀川琵琶湖水运与濑户内海水运的连结点,成了全国流通经济的中心。通过出售各藩运至在大坂的官方仓库的年供粮食及特产,展开财政金融活动。京都、新兴的江户、发展起来的大坂,这样就形成了三都。正如我们常说的一样,江户是政治中心,大坂是商业中心,京都是传统的政治及金融中心,在此基础上京都还是宗教、学术、出版、美术工艺、艺能等方面的中心,三都各有特色。三都的人口在元禄(1688 ～ 1704年)年间均达到了35万人左右。同为幕府直辖市的堺市约有六万人,长崎约有五万人,此外金泽、鹿儿岛、名古屋作为规模最大的城下町，人口约为五万，由此可以看出三都的规模。但以上数字只是市民人口，公家及神社寺院、武家人口并没有包含在内。比如江户的武家人口数大约与市民相同，合计约70万人，京都的总人口应有40万人左右。

江户时代，京都市区的大致范围为：北至鞍马口路，南端大致在七条东寺一带到九条之间，东端在寺町路，西边北部为千本一带，南部则在大宫路。虽然在御土居护城河内侧的北部和西部曾有很大的空地，但随着市区逐步扩大，渐渐超过或拆除了御土居护城河。特别是在寺町以东的河原町路和木屋町路一带、鸭东的三条与四条之间，三条路向着粟田口延伸，祇园町北侧和知恩院门前、大和大路沿线也变成了城市。在御土居护城河之内，开发了东本愿寺东面的新宅邸（新寺内），西北部的千本以西的地区等。这样一来，在17世纪末近代京都市区的原型便诞生了。这同时也是将城市中的散居居民驱赶至城市外缘的结果。

町奉行所编集的《京都御役所向大概觉书》中记载，根据正德五年（1715年）的调查，町的数量为京内1 615个，京外228个，共计1 843町；房屋数为京中39 649家，京外5 258家，共计44 907家；人口数为京内302 755人，京外41 624人，共计344 379人。此外还有京外的“非人”（乞丐）8 506人，受歧视的部落在京外有十一个村，“贱民”共计有2 064人之多。

鸭川河原

鸭川拥有众多的河原与中州（水中岛），自古以来便是人群集中的广场，纠河原位于北面的贺茂川与高野川汇合的河滩一带，纠河原等众多河原中，三条河原为刑场，五条河原则是上演戏剧的地方。

在战国时代的京都，与御灵会一同流行起来的是风流舞。阿国歌舞伎是歌舞伎的起源，据说阿国歌舞伎就是将这种风流舞搬上舞台的产物。16世纪末，名为出云阿国的女性艺人来到京都，表演了被称为稚儿舞[1]的舞蹈。阿国还扮作时髦轻浮的男子，以歌舞演出式的官能性舞蹈（歌舞伎舞）来表现沉湎女色的男子跑去身着女装的茶屋女处游玩的场景，受到了京都各阶层人们的狂热支持。阿国率领歌舞团在北野天满宫内进行了化缘演出，并不时被招待至女院御所及公家宅邸。之后歌舞伎舞发展为游女和女艺人的女歌舞伎，但因败坏了风俗而被幕府所禁止（1629年），随后若众歌舞伎也因为同样的原因被禁（1652年），继承若众歌舞伎而诞生的野郎歌舞伎成了现今歌舞伎的源头。

元和年间（1615 ～ 1624年），四条河原（水中岛）中据说有七处官方承认的戏剧小屋，变成了演出街。到了宽文年间（1661 ～ 1673年），上贺茂神社到五条之间建设了鸭川的护岸工程，从二条开始各町修建了永久性石墙堤。这样河原与市区就彻底地区分开来，戏剧小屋由西岸移至东岸，变得更加兴盛。唯一继承了这段历史且保存至今的只有现在的南座。在这种兴盛的背后，元禄年间（1688 ～ 1704年）城市化不断推进，鸭川成为垃圾投放处，在鞍马口和今出川口等地的河畔处都立有幕府禁止扔垃圾的告示牌。

1 稚儿舞，由少女演出的风流舞的一种。

纳凉床是京都夏天的风景诗，在四条河原，面向河床从铺席客厅搭建而成的突出栈台就是纳凉床，是用于招待纳凉客而设置的座位，在贵船[1]等地也能见到。据说纳凉床起源于江户时代中期，在祇园神轿被安放在御旅所的六月七日夜晚到十八日夜晚的这段时间中，三条以南松原以北的河原上会放置可携带的简易椅子供人泡脚乘凉。

高濑川

在三条至四条一带，高濑川清澈的河水缓缓地滑过浅浅的河底，是能够亲身品味京都情怀的好去处之一。高濑川是在庆长十六年（1611年）由豪商、贸易商人角仓了以开凿的运河，从二条大桥的西畔引入鸭川水，沿鸭川西岸南下，在南区东九条暂时汇入鸭川，接着沿鸭川东岸南下，流经伏见市区西部后汇入宇治川。高濑川全长有十多千米。

图7-1 高濑川“一之舟入”现状 高濑川与一之舟入[2]的分叉口。栅栏的内部为进船水道，河面上有复原的高濑舟[3]。高濑川共有九处进船水道，供货物装卸或船只转向，位于运河西侧，与河道直角相交。现在除了被指定为历史遗迹的“一之舟入”之外，均已被填埋。

在二条大桥西南部，是位于高濑川最上游的物资集散地“一

1 贵船，位于京都市左京区鞍马的町名。

2 一之舟入，为了让船靠岸而修建的水渠。

3 高濑舟，平底船。在河川里运送客货的浅底船，用桨或篙驱动船只。

之舟入”(图7-1)。角仓家在此修建了宅邸,将高濑川的统治权与各种物资的运输权掌握在自己手中。大坂与伏见方面的物资通过船运进入京都,许多批发商在河畔的九处进船水道旁开店,商人和工匠共同组成了同业者町。另外还有一件几乎不为人知的事情,高濑川也是收集京都屎尿的屎问屋及保管粪桶的屎纳屋林立之处。当时京都人的屎尿是珍贵的农业肥料,它们通过屎船被大量地运往京都近郊、淀川两岸的摄津及河内这些肥料使用地。

随着宽文堤的竣工,作为防水堤的御土居护城河因失去了用途而被拆除,市区继续向河原地带发展,其结果就是导致了前文提到的河原町路、木屋町路一带的城市化。木屋町路位于高濑川东岸,是一条南北走向的道路,在江户后期,该路与鸭川之间变成了“酒楼旗亭(饭店)林立的游宴娱乐场所”(《京都坊目志》)。现在木屋町路也是京都出名的餐饮街。高濑川的河道原本宽八米,但是1895年(明治二十八年),木屋町路开通了日本最早的城市电车,将河道改窄,因此现在只有五米左右。

掌控朝廷

德川政权在最初的几十年间,为了提高在诸大名中的权威,试图利用天皇和朝廷的传统性权威。二代将军德川秀忠四次进京,数次进宫参见天皇。然而过度依赖朝廷的权威的话,又会有受制于朝廷的危险。因此为了限制天皇与公家、展示自己的优势地位,幕府制定了“禁中并公家诸法度”。元和元年(1615年)大坂之战刚刚结束,该法律以公家向武家传奏的形式在二条城颁布,是由大御所德川家康、将军秀忠、前关白二条昭实共同签署的十七条文本。

宽永四年（1627年）七月，后水尾天皇将紫衣袈裟[1]赐予了大德寺和妙心寺的高僧，幕府指责其行为违反了禁中并公家诸法度。第二年春天，幕府因遭到大德寺的泽庵宗彭等人的抗议，态度愈发强硬起来，并将反抗幕府的泽庵等人流放到东北各地。此外还规定，没有获得幕府认可的元和元年以来的紫衣全部无效。此次事件被称为紫衣事件，成为宽永六年天皇让位的导火索。

在朝廷与幕府的关系动荡不安的背景下，元和六年（1620年）秀忠的女儿和子作为后水尾天皇的女御入宫。这桩婚姻虽然是在幕府权力的操控下的强制联姻，但夫妇二人关系和睦，生下了包括兴子（日后的明正天皇）在内的两男五女，元和十年和子成为中宫，称东福门院。和子的入宫，让将军获得了天皇外戚的地位，其统治权变得更加稳固。在和子入宫的同时修建了女院御所，武士作为侍奉女御的官员常驻其中，幕府的朝廷监视体制也因此得以强化。

在17世纪后半段，所司代、京都町奉行、驻禁里武士等由幕府任命、掌管京都事务的大名、旗本有129人，与力[2]有164人，同心[3]480人，共计773人；再加上所司代以及町奉行的家臣，以及这些武家的仆人与其家人等，据推测共有3 000到4 000人。虽然这个人数决不能称作很多，但幕府极力避免在京都接触与幕府无关的武士。虽说同样是驻守京都，但幕府的体制与平家、镰仓、室町这些武家权力下的京都警戒体制及

1　紫衣袈裟，在古代日本，紫色袈裟没有天皇的许可不能穿用。

2　与力，负责行政、警察和审判工作的幕府官员。

3　同心，与力下属的下级官员，负责警察、庶务。

守护驻京制有很大的不同。尽管如此，在京都拥有宅邸的大名在17世纪前叶就已经达到了71家。据说这些宅邸是为了搜集仪式、典礼规范的相关信息，以及购买西阵锦缎等当时的奢侈品而建造的。

宽永十一年（1634年），三代将军家光为了炫耀自己作为前年去世的大御所秀忠的继任者执掌天下，统帅307 000人的庞大的军队，家光毅然决定第三次上京。这也是家光的最后一次上京，在那之后直到幕末的十四代将军家茂上京之前，再没有过将军上京。家光认可了此前受制于幕府的后水尾院的院政，并从每个町中选出两人，召集了大约1 000人到二条城的白州，赏赐了五千贯银子给京中所有人家——共35 419户——来庆祝“换代上京”。平均每家可以分到134文目的银子（一文目为3.7克），按当时的米价来算可以买到三石五斗至五石米。

城市风貌的变化

随着幕府统治的强化，京都的街头景色及住房的建造方式也逐渐改变。在近世初期，直到17世纪上半叶，受到丰臣政权下的经济发展政策的影响，街头景色变得绚丽多彩。二层建筑增加，屋顶变高，除了有石板葺顶，还出现了木瓦、砖瓦葺顶，防风墙也变多了，两侧的山墙都有通柱[1]。墙壁以从外侧能看见柱子的明柱墙为主，但是也有用白垩泥浆把墙壁涂抹严实的砖瓦葺顶房屋。人们习惯了生活在二层建筑中，甚至在面向街道的临街仓库中出现了四层建筑。

1　通柱，直达屋顶的柱子。

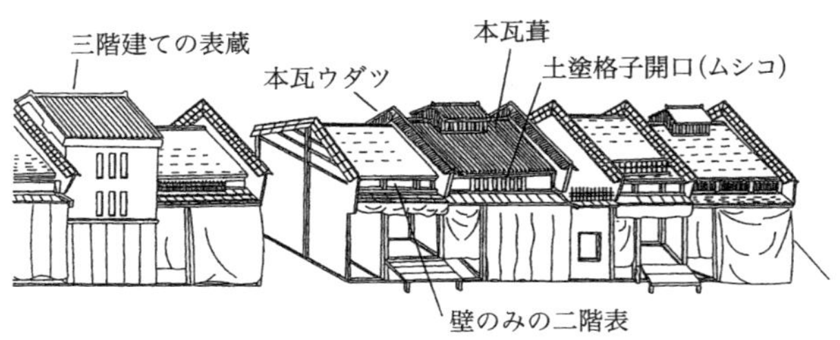

图7-2　宽永后期的京都市貌（原图：丸山俊明）

到了17世纪下半叶之后，二层的房间中已经没有人居住的身影，房屋开始变得低层化、统一化。因为天花板较低，花费较少的柜子二层[1]成了城市建筑的主流。二层的外侧不再有多样化的设计，而变成了墙壁或者虫笼窗的封闭式结构。四层仓库和仓库内带装饰的房间也消失不见，临街仓库远离了街道，砖瓦和刷泥浆房屋也变少了。木板铺的屋顶上修建了防风墙，一层则统一成为开放式的店面（图7-2）。这并不是市民自己选择了柜子二层或虫笼窗，而是所司代对建筑样式进行了限制的结果。

宽永文化

为了避免朝廷的监视统治走向极端，家光表现出了和解的意愿，但幕府对京都统治的加剧还是激发了以朝廷和公家为首的京都势力有意无意的反感与抵抗。其结果导致了宽永文化的诞生，即在宽永年间（1624 ～ 1644年），天皇、公家、僧侣、武家、上层市民一同创造的清新文化。

这一时期，诞生了众多高格调的作品，例如以桂离宫、修学院离宫和曼殊院为代表的建筑造园，小堀远州的大名茶，松

1　柜子二层，层高较低二层。

永贞德的俳谐，松永尺五等人的儒学，石川丈山的汉诗文，乌丸光广的文学，近卫信尹、松花堂昭乘的书法，角仓素庵的嵯峨本[1]，俵屋宗达、本阿弥光悦、野野村仁清等人的美术等，它们成了汉学与和学相重叠的近世城市文化的源头。

宽永文化的一个显著的特征，是回归平安王朝以来的传统与美感。桂离宫可以说是其代表性建筑。江户初期到前期，这里本是八条（桂）宫智仁亲王与智忠亲王父子的自家的领地下桂村，桂离宫是修建在现今西京区桂御园（桂川的西岸）的别墅，当时被称作桂别墅。1884年（明治十七年）为了保护景观，修学院离宫划归宫内省所管辖，无继承人的桂宫家别墅也被纳入了宫内省的管辖，成了离宫。

探访桂离宫

桂离宫有七万平方米，四周竹篱环绕，在其东部的中间位置，有引桂川之水而修建的大型人工湖。湖中有数个小岛，湖边有点景石组成的海角和沙洲，湖上架桥，环湖的北、东、南三个方向建有假山，构成回游式庭园。月波楼、松琴亭、笑意轩等茶屋基本保留了建造当时的风貌，在西侧的平地上，古书院、中书院、新御殿三座茶室式书院以由北向南倒退的形式排列开来（图7-3）。

歌枕[2]中有“桂里”一词，意指桂离宫的所在地。桂是有名的赏月地，也有很多咏赞月下桂里的和歌。月波楼之名取自白居易《春题湖上》中的“月点波心一颗珠（珍珠）”。而《源氏物语》松风卷中，描绘了从明石上京、宿于大堰河畔（桂

1　嵯峨本，日本江户初期在京都嵯峨刊行的木板活字印刷书籍的总称。

2　歌枕，和歌中常用的各藩国的地名和名胜。

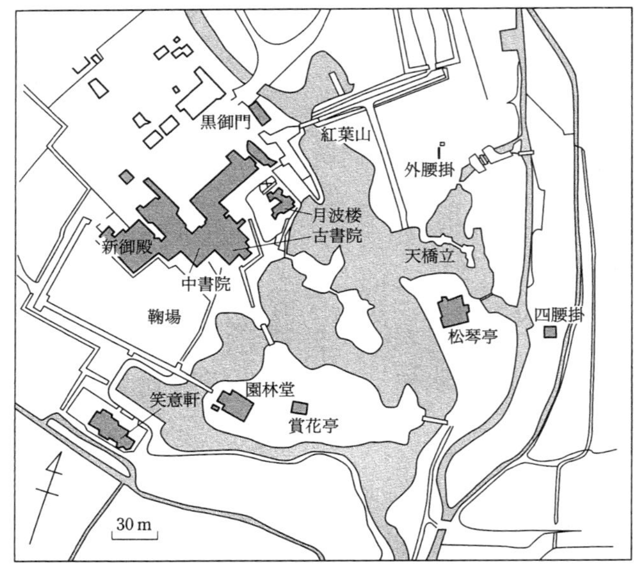

图7–3　桂离宫平面图

川）别墅的明石君与来访的光源氏互赠和歌的场景，这便是松琴亭名称的由来。源氏在明石君的别墅附近也有名为桂之院（桂殿）的宅邸。藤原道长于长和二年（1013年）给亲信下了一道具体的指示，命其在桂修建别墅。在那之后，他数次带领众多公卿来此游玩。宽仁二年（1018年）九月道长同小一条院（敦明亲王）在嵯峨野和大堰河游玩，后在摄政赖通及其他达官显贵的陪同下，直接乘船至"桂之家"，并请小一条院作了和歌（《御堂关白记》）。

桂里自从平安王朝以来就是贵族们修建别墅之处，从桂大纳言源经信的和歌"今宵桂里望月，心中无所憾也"（《金叶和歌集》）中也可以体会出这一点。在昭和及平成年间的大规模修复（1976 ～ 1991年）中，对部分中书院的地表进行了发掘，并发现了湖滨遗迹。由痕迹可以推测出此地曾建有某种建筑。与道长的“桂之家”相关的摄关家的庄园桂殿，经手近卫家后，于庆长末年（1615年）左右成了八条宫家的领地。

桂离宫的建造过程

智仁亲王下决心要在与《源氏物语》及道长有关的桂里建造别墅，元和六年（1620年）至宽永元年，由古书院和泛舟湖组成的山庄应该已经基本竣工。亲王从细川幽斋处得到了古今传授[1]及《源氏物语》的真传，以在庭园中重现平安王朝的风情为目标。

智仁死后，山庄暂时荒废，到了智忠亲王成人之后，才开始真正地营造庄园。庆安二年（1649年）前后修建了中书院，庭园也建成了现在的样子。之后在宽文元年（1661年）至二年，为迎驾后水尾上皇修建了新御殿和茶屋。原本普遍认为桂离宫注重的是闲寂幽静的淡雅之美，然而经过昭和及平成年间的大规模修复，发现御殿和茶室曾有红色的土墙、金箔装饰及蓝贴有色和纸，到处都使用了鲜艳的色彩，桂离宫实际上是具有宫廷贵族优雅情趣的建筑。

修建桂山庄这样大规模的庄园，并不是一介亲王家自己能够独立完成的事情。幕府和加贺前田家为修建庄园提供了财政援助，这其中暗藏着幕府试图修复紧张的公武关系的政治意图。

俵屋宗达

在美术方面，不同于继承了大和绘传统的土佐派或是自

1　古今传授，歌道的传授之一，指中世的师长将《古今集》此举的训诂注释传授给弟子。

室町时期以来就与权力者关系密切的狩野派，俵屋宗达创造了新的绘画形式，给画坛注入了一股新风潮。俵屋宗达的生卒年月不明，但在六波罗开设了以“俵屋”为屋号的画室。该画室是生产绘画及设计商品的工作室，宗达的弟子在这里工作，元和年间（1615～1624年）制作的《源氏物语》夕颜卷的扇面画在京都获得了好评。

研究者认为，宗达在庆长七年（1602年）参与修复《平家纳经》，留下了最早的历史足迹。《平家纳经》被誉为平安时代美术工艺的最高峰，宗达重新修复了受损的三卷经文的封面及封面折边处的六幅图。参与此项工作的经历，对他的绘画生涯产生了巨大的影响。

此外，宗达与当时一流的文人公卿私交甚密，这对他形成自己的画风也有很大帮助。庆长年间（1596～1615年），汉字夹杂平假名的木制活字书（木活字版）得以发行。这些书就是所谓的嵯峨本，是在身为豪商、学者、书法家且极富教养的嵯峨人角仓素庵（了以之子）的赞助下发行的。嵯峨本是《伊势物语》、《方丈记》、《徒然草》以及《观世流谣本》、《百人一首》等古典作品的精装本，使用了平安时代后一度绝迹的多色木板云母印制纸。云母印制是把云母溶成稀薄的胶状后涂于木版上，以达到近似于银质印刷的效果，是一种豪华的装饰方法。

谣本[1]的封面及文字下方的图案中有梅花、芒草、鹤、鹿等动植物花纹。这种在木板印刷品中的图案一般都是印刷画，但在宗达其他的金银泥画笺、水墨画或晚年创作的屏风画中，

1 谣本，用来练习谣曲的乐谱书。

我们也能见到同样主题的花纹，同素庵一起创作了《鹤下绘三十六歌仙和歌卷》等作品的宗达，也参与了谣本的制作。

重现平安王朝的古典美

宗达还创作了伊势物语绘卷。现存的“芥川”、“不二山”、“长冈之乡”、“祓禊”等一组方纸笺据说就是宗达的作品。《伊势物语》同《源氏物语》一样，都是最受欢迎的平安王朝文学中的巅峰之作。与以室内场面为主比较刻板的“源氏绘”相比，“伊势绘”作为绘画，其中有恋情，有旅途，有日常生活，内容丰富多彩，画面更具有多样性且更有趣。宗达在金纸上浓墨重彩地描绘出了一幅极具魅力的物语绘卷。特别是“芥川”一节中，男子将身份高贵的女子从家中偷偷带出，宗达描绘的男子背着女子匆匆赶路的画面甚至被有些研究者认为具有克里姆特[1]的风格（图7-4）。

图7-4 相传为俵屋宗达所作的“芥川”《伊势物语图纸笺》第六段，益田本，局部（藏于大和文化馆）

不久之后，宗达与皇宫的关系也日渐紧密，元和二年（1616年）后水尾天皇命令狩野派的画师参考“俵屋的画”。宽永七年（1630年）秋，宗达通过公家乌丸光广的介绍，临摹了存放于宫

1 克里姆特，奥地利画家，受象征主义与新艺术的影响，开辟了通往日后表现主义的道路。

中的《西行物语绘卷》。同年十二月，完成了受后水尾院之命制作的三双屏风画的底稿，“杨梅屏风”完成了贴金箔的步骤（《一条兼遐书状》）。乌丸光广为宗达临摹的西行绘卷作跋文，其中记载了宗达当年之前就已被封为“法桥”，这对画家来说是破格的晋封。曾经的市井工作室负责人，成了交口称赞的艺术家。

宗达的代表作之一是作于宽永八年的《源氏物语关屋澪标屏风》（六曲一双），屏风的图案取自《西行物语绘卷》。右扇为源氏物语的“关屋”，左扇为“澪标”[1]，前者为光源氏昔日的恋人（空蝉），后者为与不得公开相见的女性（明石君）偶然相遇的画面。右扇的绿色群山与左扇的白色沙滩、山间的闲寂之景与沙滩的热闹场面交相呼应，并且两位女性都隐藏于牛车或海上小舟之中，不见踪影。通过这样的画面，宗达巧妙地表现出了二人与源氏意外相逢时内心的动摇与紧张。

重建古老的寺院神社

在重现平安王朝式的古典美的同时，宽永年间，家光最后一次上京前后，幕府对平安时期以来的古老的寺院神社接连进行了复原重建。

中世末期，因战火而荒废的上、下贺茂神社分别于宽永五年（1628年）与六年恢复了从前的规模。清水寺自创建以来，历经数次烧毁与重建，现在的本堂建于宽永十年，但本堂和高台都保留了建寺当初的样式。石清水八幡宫的主要殿舍也于宽永十一年重建，八月进行了正迁宫[2]。被织田信长烧毁的延历

1　澪标，即航标。

2　正迁宫，从临时的神殿移至正殿。

寺的根本中堂于宽永十七年，以及宽永十二年底烧毁的东寺五重塔均于宽永二十一年得以恢复。在日本现存的塔中，东寺的五重塔是最高的一座，作为一座复古式的建筑，在其身上几乎见不到江户时代特有的细致装饰。

后水尾天皇因紫衣事件而退位，作为上皇住处的院御所也因此开始修建。御所的东南方修建了后水尾院（仙洞御所）和东福门院的御所（大宫御所），于宽永七年竣工。宽永十一年至十三年，奉行小堀远州（政一）在两处御所的东面修建了南北向的水池庭园，庭院水池的岸边成一道直线。宽永十六年小堀被任命为总奉行，开始拆除庆长年间建造的内里，并正式开始修建新的内里，翌年明正天皇迁宫到临时宫殿。仁和寺在应仁之乱中几乎全被烧毁，寺院化作一片荒野，后移至双丘才勉强延续香火。上杉本《洛中洛外图屏风》中描绘了寺院简朴的木板屋顶。天正三年（1575年）在织田信长的帮助下仁和寺才得以返回原址。宽永十一年，仁和寺请求家光重建伽蓝，于是因宽永的内里修建而失去用途的庆长时期的紫宸殿便被移建至寺院正殿，清凉殿被移建至御影堂[1]。宽永十四年五重塔竣工，院家[2]也逐渐复兴了起来。

一些平安朝以后修建的京都的地标性建筑也接连得到重建。西本愿寺在秀吉的京都改造中，移至现在的所在地七条堀川，但其寺院于元和三年（1617年）因失火几乎全部被烧毁。真正意义上的修复从宽永九年开始，宽永十四年御影堂竣工，能容纳1 200多名参拜者。知恩院曾是德川家的菩提寺，因宽永十年正月的大火烧毁了大部分的建筑，之后立刻着

1　御影堂，安放神像佛像的大殿。

2　院家，寺院的一个级别。附属于本寺，辅佐本寺事务的非独立性寺院。

手重建，到了宽永二十一年，俗称千张畳的集会堂（法然上人御堂）、巨大而庄严的御影堂（大殿）、大方丈、小方丈、连接御影堂与大方丈的“莺鸣走廊”、大书院、唐门等陆续完工。另外还有由二代将军秀忠修建、日本最高级别的三门（1619年）幸免于火灾，与经藏堂（同年修建）等一样，景致十分壮观。

此外，在近世初期由于御所改建、聚乐第及伏见城的解体等工程，已有的建筑不断被移建至京内，上文中提及的仁和寺就是其中一例。其他能确定的移建有南禅寺的大方丈，是由天正时期建造的女院御所对面的殿舍移建而来。大德寺唐门基本可以确定是聚乐第的遗物，西本愿寺的飞云阁在过去也传闻是聚乐第的遗物，但现在对此多持否定态度。养源院与近江的战国大名浅井氏有着不解之缘，据说它修建时使用了伏见城的旧材料。

仿王朝式的氛围

这次修复重建的热潮于宽永末年结束，由此京都已经恢复了昔日的景象，开始沉浸在一种仿平安王朝式的氛围中。具有历史讽刺意味的是，这一切是在幕府的巨额财政援助下才得以实现的。重建工作之所以在宽永末年结束，是因为宽永十九年至二十年日本全国发生了大饥荒，饿死者多达五至十万人，幕府一时间必须专注于农政以保护基层农民的生活。

在掌故学方面，后水尾天皇对宫廷文化及复兴朝仪抱有极高的热情，他命令住吉如庆、具庆父子临摹了后白河院的作品《年中行事绘卷》，并撰写了《当时年中行事》。应仁之乱发生的前一年后土御门天皇举行了即位大尝会，在这之后该仪式中断了220年。贞享四年（1687年），东山天皇用五代将军纲吉的献金举行了简单的即位仪式，但大尝会真正得到恢复是在元文三年（1738年）樱町天皇即位之时，这也是在幕府的大力帮助下实现的。曾经中断的贺茂祭、石清水祭也重新开始举办。

琳派的登场

在美术方面，江户中期登场的尾形光琳给装饰画注入了新的活力，成为琳派的鼻祖。其代表作《燕子花图屏风》和“八桥泥金画砚台盒”，在屏风和砚台盒这种实用性物品中引入了《伊势物语》九段八桥为主题，是充满了王朝风情的设计。尾形光琳的弟弟乾山，获得了京都西北（乾）的旧二条家山屋之地后，在鸣泷泉谷创办乾山窑，开始了陶工的生活，其名号乾山也由此而来。

宗达的作品多为京阪地区的豪商以及这些豪商们所捐助的寺院，或是公家相关人事的订制品。当时宗达身边的市民阶层的经济实力可以让他们订购昂贵的金屏风等物品。然而到了光琳的时代，宗达时代的豪商们或因家主沉湎酒色、或因贷款给大名而产生的赖账，有五十多家都已没落，取而代之的是随着城市和农村的民众经济的发展而崛起的、以勤俭节约为信条的新型市民阶层。元禄文化正是依靠着这些新兴市民的出现而发展起来的。

在光琳大显身手不久之前，野野村仁清凭借高超的拉坯技巧和优美典雅的彩绘，获得了憧憬传统与京都文化的大名及武士的好评。光琳的金屏风大多藏于实力派大名家中而不是和他同样的市民阶层中，这是他针对时代的变化有意识地开拓新客源的结果。元禄十七年（1704年），光琳进军大名宅邸云集的江户。这也是他的新型经营战略之一。

光琳在不久之后返回了京都，但其弟乾山于享保十六年（1731年）移居江户，除了制陶之外，还开辟了书画一体的朴素的小天地。虽然心中没有忘记身为京都人的骄傲，但乾山终其一生都没有再回到京都。在那之后京都画界虽有园山应举和伊藤若冲等人，但真正继承了光琳风格的是酒井抱一、铃木其一等18世纪末期以后活跃在江户的画家。这就是琳派在江户的传承情况（江户琳派）。

花之乡

京都町奉行在五代将军纲吉执政期间，同老中、勘定头（奉行）并列成为全国的幕府领地统治的最高责任人之一，但进入18世纪以后地位不断降低，享保七年（1722年）统治范围也从畿内八国变为山城、大和、近江、丹波四国，其他地方成为大坂町奉行的支配国。其权限也被大幅缩减，仅限于处理民政。

此外，正如江户琳派的成立所象征的那样，京都在美术与艺能方面的地位也逐渐受到了江户的威胁。在元禄时期（1688 ～ 1704年）的江户，武戏歌舞伎（主角为怪力勇猛的武士或非人类的鬼神等，表演形式粗暴夸张）与新兴都市的风气相吻合，备受欢迎，获得了民众的喜爱。与此相对，京都则确立了和事[1]（男女之间的爱恋、情事）的表演形式，继承了初期歌舞伎的买倾城（同游女饮酒作乐）狂言的传统。这种划分方式其实略为武断，在京都地区也会上演武戏，江户也有恋爱

1 和事，歌舞伎的表演、导演场面之一，表现艳情、恋爱、痴情的内容。

戏。但是在江户颇具声望的演员初代市川团十郎在京都演出的一年间，由于用词过于粗暴，观众的反响并不好。

然而即便京都是歌舞伎的发源地，在18世纪中叶随着创造力的衰竭，其演出策划能力、制作能力也逐渐下降。三都的歌舞伎相互竞技的时代已经一去不复返，只剩江户与大坂两极，京都所谓的复兴也只是大坂歌舞伎支店一类的水平。庆长至宽文年间（1596 ～ 1673年），是江户时期京都最辉煌的年代。

安永（1772 ～ 1781年）末年，出身旗本的江户狂歌师二钟亭半山来到了京都。在他所著的《京物语见闻》中，有“花之都已是两百年前的往事，如今乃是花之乡。作为乡野倒尚显风雅”的精彩描述。在江户时代的后半期，京都虽然依旧“尚显风雅”，但在江户人看来已经完全沦落为乡野了。

京都早就不再是政治中心，在经济方面，由于河村瑞轩于宽文十二年（1672年）改良了西向航线，此前从敦贺、小滨经由琵琶湖进入京都的日本海一侧的物产，通过绕行日本海—关门海峡—濑户内海便可以直达大坂，京都的重要性就大大降低了。京都在金融和经济面被大坂所超越，对于这种情况，“花之乡”可以说是颇有狂歌师特色的辛辣评价。

此外在宝永五年（1708年）三月的大火中，京都有497个町、14 000间房屋被烧毁，天明八年（1788年）正月的天明大火则烧毁了1 424个町。据说有37 000家的房屋在这场大火中化为灰烬。后一场火灾对京都的地表沉陷影响尤为严重。2011年东北大地震后，如何处理数量众多的瓦砾成为灾后重建的沉重任务，在没有推土机和翻斗车的江户时代，灾害后的瓦砾等无法被运到城外，只能在当场挖一个巨大的洞穴进行填埋。因此如今在发掘一些重要地点时，平安时代的遗址因垃圾坑而被毁坏的状况也并不少见。

天明大火也波及到了内里和二条城等地。秀吉修建的内里在文禄五年（1596年）闰七月的大地震（文禄伏见地震）中受损，因此德川家康于庆长十六年（1611年）开始着手修复，翌年完工。从此之后经过江户时期共计八次的修建，内里的面积扩大至接近原先的八倍，约是平安时期本内里的1.7倍。

宽正二年（1790年）的重建虽然遭遇了财政困难，但负责工程的老中松平定信迫于朝廷的强烈要求，在紫宸殿、清凉殿等部分殿舍中采用了旧制（平安末期）标准，将其建成了庄重而复古的御所。公家的里松光世（法号固禅）回答了定信的咨询，尽力重现平安时期内里的样式。竹内式部为国学家、神道家，宝历八年（1758年）在朝廷内部的主导权之争中，被流放出京都（宝历事件），固禅受此事牵连，被罢免了官职，自那之后蛰居三十年，期间埋头于创作《大内里图考证》等著作，对平安京大内里殿舍的位置、构造、沿革等进行了考证。

从这一时期开始，为了弥补京都在政治和经济上的落后，人们开始大力关注起京都作为王城之地的历史。平安迁都已是千年之前这一事实，将会催生宣传京都为“千年之都”的动向，与观光旅游相结合，最终成为振兴城市的力量。

名胜导游记

在近世文艺的种类当中，有名为“名胜导游记”的一众地方志。其中很多作为出版物，为众多的同时代人所阅读。“京都名胜”系列出版了许多册，近世初期的“导游记”是一种

“读物”，其特征因此古典教养为基础的名胜观，使人通过阅读就能在家中感受到京都之美（图7–5）。

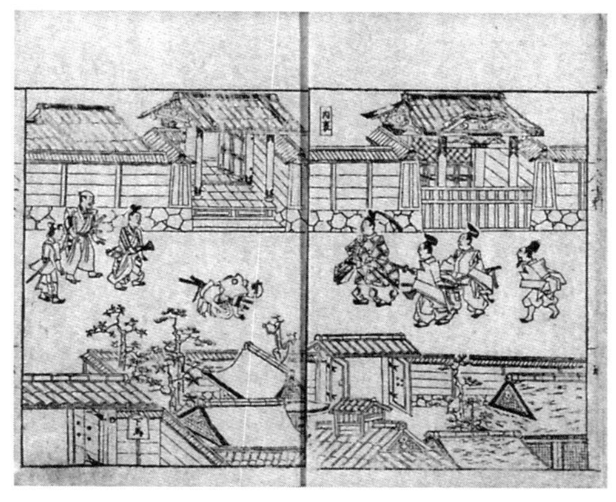

图7–5　最初的“京都导游记”《京童》 内里的场面　明历四年（1658年）刊行（转载自国立国会图书馆网站）

名胜不单单只是风景之美，而是要确立一种模式化的印象，激发人们对世事的联想和对人类社会中出现的各种事件的思考。名胜是富有意义并成为一种观念的象征的地名。从这个意义上看，比起亲自去参观京都，接连出版的“名胜导游记”实际上更具有渗透人们的观念与精神的作用。这样一来，京都的古都印象就渗透进未曾见过京都的其他地方人的心中，并不断地层层加深。

古都印象的诱惑远不止于知识。1680年前后是一个分水岭，“京都名胜”逐渐变为了“实用性”的书。例如，后者的初期作品中有宝永五年（1708年）刊行的《京内观光》。书中介绍了以三条大桥为起点，用三天游览82处名胜的旅游攻略。一天的移动距离为20千米，对当时的人来说是完全力所能及的距离。第一天从知恩寺出发、途经东山山麓到达清水寺，可游遍南北方向的广阔地区，第二天为京内、东西本愿寺、三十三间堂、东福寺、伏见稻荷，最后一天为下鸭、上贺茂、大德寺、北野天满宫、金阁寺、二条城，行程非常丰富。今天的观光地基本上都已网罗其中。

无论在哪个时代，旅行的自由都能使人们从社会制度的压抑与人际关系的烦恼中暂时解脱出来。江户中后期，旅行的条件及理由都已具备。京都汇集了佛教各宗派的总寺院和寺院，能够吸引全国的信徒与门徒前来。同时频繁举办的宗派奠基、开山远忌以及本山秘佛、秘宝的开龛也具有强大的吸引力。兼备观光与拜佛、参拜神社的京都观光就这样诞生了，旅行者可以尽情享受京都的名胜和四季之美。这种观光在当时被称为京内参拜或京内参诣。

观光客和远忌参加者带回故乡的特产是“京”的名产。川柳中也写道“语毕再送京特产”(《柳多留》)。特产以传统手工业技术为基础，包括观光客用的陶瓷器、扇子、人偶、佛坛、袋子、香粉、胭脂、点心等。这些产品上一定冠有商标“京”的字样，先不论特产质量的好坏，每件特产都在传递着“雅”的印象。

结语
——“古都”京都的未来

京都的衰微

佩里的黑船来航之后，京都才重新在政治上受到国内外的瞩目。当时朝廷在条约勅准问题上的态度成为幕末政局的焦点。文久二年（1862年），尊皇攘夷运动高涨以及朝幕关系不和，幕府出于对其的忧虑，新设了京都守护一职，京都和大坂的所司代都成为其附属。各实力派大名也派遣了使节、志士、众多藩兵进入京都接触朝廷，从而提高自己的发言权。因此京都在幕末时的人口达到了近代之前的最高峰。

然而明治维新迁都东京，使事态发生了转折。天皇、公家和政治家们全部移居东京。京都失去了天子脚下的优势，部分商人也搬去了东京，人口在四年间减少了十万人以上，1874年（明治七年）跌至二十二万余人的水平。随着“公家社会”的解体，曾经在御所供职的下级官员失去了容身之处。

有名的寺院神社因为本身就没有檀家的支持，加之曾获幕府认可的领地和豪门权贵进献的土地被大量没收，纷纷陷入窘困之境。例如清水寺十五万多坪[1]的寺内领地就被收回了十四万多坪。相传还有这样一件事，清水寺的住持、1983年以107岁高龄逝世的大西良庆师曾经说过，明治初期卖豆腐的小贩在寺院附近都不敢鸣喇叭叫卖。能卖出去豆腐固然是好事，但寺院的赊账是收不回来的。

根据《岩仓公实记》的记载，岩仓具视出身公家，是明治维新新政府的首脑，在去世前不久的1883年，岩仓具视曾乘舟游览京都岚山。然而，以风光明媚而著称的岚山保津川却看不到任何的樱花与红叶，一片荒芜。岩仓与同乘的人讲，在旧幕府时代，当局每年都会补种新的树苗代替枯死的树木来保护风景，他很是怀念幕府的奉行人对京都的照料。

广阔的京都御苑在江户时代是公家宅邸的云集之处，这些宅邸都围绕在御所周围。迁都东京后，公家町迅速解体荒废了下来。经过1877 ～ 1878年的整修，才基本上变成了今日所见的景象。岩仓具视为此也付出了巨大努力。

京都策略

从失去了天皇与幕府为支撑的衰败中恢复的方法是推进近代化，在京都，以重新开发为目标的城市建设被称为京都策略。京都策略共有三期，1881年（明治十四年）前为第一期，1895年之前为第二期，其后到大正年间（1912 ～ 1926年）为第三期。

第一期时，京都在全国首先创办了小学。当时各町组中的町数各不相同，也没有空间上的整体性，亲町与枝町的地位

1 一坪约为3.006平方米。

也不平等，京都市将原有的町组改编为大范围且平等的组织（番组），让其负责小学的创建、维持与运营。此外还派遣织工和技术人员前往西欧，尝试实现西阵锦缎、有禅印花、清水烧等传统产业的近代化。这其中包含着将过去王朝式的匠心转变为符合近代风格的新美感的努力。此外第一期京都策略的主要内容还有以1871年的京都博览会为起点接连举行的产业博览会，即通过举办活动来刺激经济的政策。总而言之，就是培养人才和提倡实业。

第二期的中心是建设琵琶湖水渠，目的是开凿水路连接琵琶湖与京都，进而确保通往大阪的运送道路和运送能力，此外还有浇灌田地、通过水车动力振兴工业、为城区提供消防用水、确保饮用水等多个目标。在京都府知事北垣国道的大力推动和青年工学家田边朔郎的设计与指挥下，第一水渠的一期工程从1881年开始、于1890年完工。在施工过程中发现水力发电比水车动力更优越，于是1889年开始建设蹴上发电站，1891年开始输送电力。日本最早的城市电车就因此该电力为动力的。

第三期是完善城市基础设施，包括被称为三大事业的“道路拓宽及铺设电气铁道、上水道建设、第二水渠建设”等。顺带一提，现在京都的主干道并不是江户时代作为东海道西端起点的三条路，这是因为明治时期三条路上很早就修建了邮局及银行等坚固的西式建筑，以至于很难拓宽狭窄的路面，只能转而将四条路向南拓宽。

保护“古都”的兴起

在推行三大事业的同时，开始出现另外一种声音，即不能一边倒地推进近代化，而是要活用曾为“首都”的记忆、通过

建造平安神宫 前方建筑为应天门，后方为大极殿（提供：平安神宫）

打造“文化城市”来寻求城市的出路。这是身为行政上历史城市的自觉，早期的尝试包括借第四次国内劝业博览会之机举行的平安京迁都一千一百年纪念祭，建造平安神宫、修复平安京大极殿（见图），刊发《平安通志》，以及创立时代祭等。

1889年实行的市制使京都市从京都府中分离出来，但鉴于东京、京都、大阪在政治上的重要性，由官方任命的府知事兼任市长一职。1898年京都获得自治权，建立了自己的市长选举体制。内贵甚三郎被市议会选为初代市长，两年后他在议会提出，要建设“五十万人以上、拥有百万人口的京都”，为此首先要扩大市区，在东、北、西北、西、南面各区域都要实现具备自身特色的发展。在他的这一构想中，值得注目的是“东方景观需要保留”，即保护东山的景观的提议。此外他还提到，京都具备作为日本的公园的资质，外国人到京都是为了欣赏风景、参观名胜古迹，与其说是外国人来日本，不如说他们是来京都才更合适，并且他还表达了“保护名胜古迹是京都决不能放弃的事业”这一见解（《京都市会议事录》明治三十三年）。

天皇制国家的副都

从国家方面来看，为了实现近代天皇制下的国民团结，

“古都”的存在也是非常有必要的。1887～1888年（明治二十至二十一年），伊藤博文曾说过，“凡是能激发君主制国家国民的忠君爱国之心的，没有能与该国家历史相较之物。（中略）更不必说古代圣贤帝王的龙蠲（天子的足迹）之地，或是蒙尘（天子出逃首都之外）的场所，本就应当与王族的历史一同保护起来。试看外国之例，欧洲各国尤其是在君主制国家，所到之处没有不保存这些故地遗迹的”（《关于御用地选定的商议》）。

1889年制定的皇室典范中规定，天皇的“即位之礼及大尝祭”要在京都举行（第十一条）。这背后有俄国的影响，当时俄国的首都是历史尚浅的圣彼得堡，但沙皇即位是在旧都莫斯科进行的。近代日本想要成为世界列强的一员，就必须在历史文化方面也成为“大国”，东京的近代天皇也需要在古都即位，通过“千年之都”的传统来展现自己与世俗隔绝的神圣性。为此，有必要将京都作为“古都”保存下来。如果说东京是日本帝国的首都，那么京都的定位就是副都。

乌丸路连接着七条停车场（京都站）与京都御所，内贵市长制定了将其作为“临幸道路”的拓宽计划，这也因此内贵市长期待着天皇频繁地驾临京都为前提的。1915年（大正四年）举行了“大正大礼”，1928年（昭和三年）举行了“昭和大礼”，两者分别是即位礼与大尝祭作为连续的国家仪式的最初例子。大正及昭和年间的两次天皇即位“大礼”，将京都的城市基础设施建设推向了高潮。

之后京都的发展史，由于篇幅关系不得不忍痛割爱，总体来说京都躲过了第二次世界大战的战火，基本上将历史城市京都保留到了战后。关于这一点，年长者可能听说过美国为了保护文化遗产，把京都排除在了空袭对象之外这一说法。但是近年的研究却揭开了一个冲击性的历史事实，即京都曾被选中为投放原子弹的第一目标。京都作为大城市规模正合适，而且对日本人而言还是“有宗教性意义的重要城市”，三面环山的盆地可以使爆炸冲击波发挥最大的效果，这些都是选中京都的理由。京都之所以没有遭受空袭，也是因为要准确测量原子弹的威力，所以禁止一切普通轰炸。如果战争再稍微延迟一点结束，恐怕京都也要遭受原子弹的袭击了，“千年之都”可能会彻底从世界上消失。不知该说是太可怕还是太幸运，真是千钧一发。

为了保护古都

通过市民的拼命努力，京都克服了明治初年的危机逐步发展，这确实属实。与此同时我们也不能否认，明治时期的日本作为一个天皇制国家，制定了许多国策以及保护政策，京都享受了远高于其他地方的特权性地位。其实，自古以来京都几乎所有的历史都与国家及权力密切相关。倒不如说京都本身就是一个国家。

但是在21世纪的今天，京都已经不能再依靠从国家获得的特别优待来发展繁荣。热爱京都的人们大多也不再期待这座城市能够肩负起国家的威望与荣光，或是成为实现国家政策的工具。虽然也有人认为为了城市的发展，应该积极地谋求优待，但归根结底这些优待不过是自力更生后所带来的他人助力而已。

但是，这与政府和自治体不聆听居民意见，便推进各地区的文化遗产的保护与公开，以及为此提供援助和补助完全是两码事。在这些方面，京都仍需继续努力。最后，我想简单地梳理一下我国以及京都市的文化遗产保护制度的发展历程。

1897年（明治三十年）的《古神社寺院保存法》，是日本第一部姑且能够算作包含文化遗产保护制度基本内容的法案。在那之后1919年（大正八年）颁布了《城市规划法》与《市区建筑物法》。这两部法律共同促进了日本近代城市规划行政的真正发展，在这个过程中京都确立了“景致地区”、“美观地区”制度（随着2005年《景观法》的实施，美观地区变为景观地区），成为景观行政的重要支柱。几乎于同一时期还制定了《名胜古迹天然纪念物保存法》，上文提到的两部法律起到了对其的补充作用。

进入昭和时期，《国宝保存法》（1929年、昭和四年）将保护对象扩大至古神社寺院的所有物之外，取代了《古神社寺院保护法》，进而为了防止艺术品流失海外、实现规范保护，制定了关于保存重要艺术品等的法律（1933年），文化遗产保护的法制建设有了长足的进展。京都的景致地区也在1934年达到了市区面积的百分之二十七，远远超过了东京的百分之零点三和大阪的百分之九点四。

然而，在第二次世界大战后的时代变迁中，这些法律制度也出现了不完善之处，特别因此法隆寺金堂的壁画于1949年毁于火灾，以此为契机，文化遗产保护制度得到了强化和完善，制定了现行的《文化遗产保护法》。该法律继承了《名胜古迹天然纪念物保存法》等旧法。

进入20世纪60年代的经济高速发展期后，因开发导致的历史环境的破坏在全国各地引发了社会问题。在京都，于1964年建设的京都站前的京都塔建设计划，以及同年的双丘开发计划引发了巨大震动。前者虽然引发了巨大的争论但最终得以竣工，后者则成功地保护了遗迹。这些反对运动势头高涨，同镰仓的鹤冈八幡宫后山开发反对运动联合起来，以此为契机推动了1966年《古都保存法》的制定。京都、奈良、镰仓等古都应传承于国民，该法律是为了保护这些古都的历史风貌而制定的。与《文化遗产保护法》等保护重要文物的法律不同，该法律的特色是在广大范围内保护文化遗产。虽然对其内容及运用方面存在各种批判，但不可否认它在至今的半个世纪中发挥了一定的作用。

古都、京都的未来

另一方面，1968年新制定的《城市规划法》取代了旧法，原则上废除了建筑物的高度限制。翌年，京都颁布了“城市建设构想”，在三山三川的自然及文化遗产周边、历史城区的保护、市区内高层建筑等问题上，对景观与建筑的和谐性作了明文规定。1972年制定的《京都市市区景观整顿条例》，将这一宗旨具体地体现了出来。根据该条例制定了单独制度，产宁坂（三年坂）地区和祇园新桥地区被指定为历史景观保全修复地区，以此来保护历史城区。1975年《文化遗产保护法》修订后建立了传统建筑群保存地区制度，上述两地被指定为“价值极高”的重要传统建筑群保存地区，后又追加了嵯峨鸟居本及上贺茂地区（总面积约14.9公顷）。

然而，受泡沫经济等的影响，京都的景观退化与城市魅力减退问题也愈发严重，不得不寻找新的解决办法。京都在建筑用地的限高地区中，高度被限定在45米（第六种高度地区）到31米（第五种高度地区）之间。而在限高地区中却修建了高达60米的京都大仓饭店和JR京都站大楼等高层建筑，引发了景观争议。

在那之后，受长期的经济低迷以及资源高度集中在首都圈的影响，加之京都地基的明显下沉，旨在挽救地区经济的事业性、商业性欲求不断高涨，例如从三条至四条的河原町路等的景观发生了巨大改变。池坊六角堂被称为京都的中心，它及其周边三面都被高楼所包围，但专业的摄影师拍摄时会巧妙地避开其他建筑。当人们看见刊载了这种照片的京都名胜相关出版物或导游书的时候，就会产生景观被保存得很好的错觉。然后等到亲自来游览时便会感到非常震惊。同样的例子不胜枚举，人们满怀期待而来，结果却发现处处是假象，真是既遗憾又可悲。

如此以往，必然会令每年多达5 000万人的游客深感失望，发出“这也算古都！”的感慨，或许实际上已经如此了吧。现在的京都，比任何时候都需要集聚京都内外、居民以及行政机关的智慧，谋求一条踏实且有效的发展道路。

后记

平安时代中期，天皇在内里清凉殿居住。《枕草子》第二十一段以“清凉殿东北隅”开篇，成为古典文学中以清凉殿为背景的令人印象深刻的名篇。前半部分清少纳言举例描述了她是如何运用自己的才智而得到皇后定子赏识的，笔者在高中时代曾沉湎于书本，被视作怪胎，那时在古典文学的课上接触了这一段内容。开头中这样写道：“今日，高栏上搬来一只大的青瓷花瓶，插了许多枝五尺许长盛开的樱花，花儿直绽开到高栏旁边来。[1]”此段深深地吸引了我。阳光明亮宁静，青瓷瓶中樱花盛开，我依旧记得那时的自己坐在教室里，一边想象着那如画般美的情景，一边陶然自得的样子。这段写于正历五年（994年）春天，清少纳言入宫任职不久，她的主家中关白家正值鼎盛时期。

然而多年之后，我得知了正历五年对于平安京的意义，深感愕然。平安京正历四年开始流行瘟疫，情况愈演愈烈，“死尸堆满街边，往来行人皆掩鼻而过，乌鸦野狗食之饱腹，尸骨

1　引自《枕草子》林文月译本（2011年）译林出版社。

填满小巷”(《本朝世纪》四月二十四日条)、“京都死者过半,五位以上官员死亡六十七人”(《日本纪略》同年七月末条),呈现出前所未有的惨状。得知此事时已经时过十五年,笔者有幸被大学录用教授日本史,年龄也到了而立之年。暂且不论清凉殿中的生活是否就像清少纳言描述的那般,皇宫外毋庸置疑是一副地狱般的光景。自从这种巨大的落差印刻心底以来,如何真实地再现平安京·京都一千二百年的“光和影”,便成了我努力的目标之一。

笔者毕业于同志社大学文学部研究生院文学研究专业,曾受到秋山国三、仲村研两位老师,以及富井康夫、黑田纮一郎两位学长的照顾,虽然他们都已经故去,但作为京都历史的研究者,他们都留下了诸多功绩。其中特别是秋山老师,他毕业于京都帝国大学文学部,自从完成毕业论文以后,他耗费了毕生精力研究京都的“町”。并于第二次世界大战末期1944年出版了《公同沿革史》上卷。

书名中的“公同”,指的是京都的公同组合,町组[1]制度从战国时期一直延续到1889年(明治二十二年),该制度废除后,1897年应市民要求重新设立的制度便是公同组合。公同组合在1940年(昭和十五年)被国家解散,之后成立了町内会。当时秋山老师正处于而立之年,意气风发,以解散为契机,产生了撰写到公同组合成立为止的“町”历史的想法,所以秋山老师接受了公同组合联合会事务所的邀请,开始撰写到町组废除为止三百年间的历史。

1 町组,中世以后,京都各个街道上设立的自治组织。

该书出版时，正值战争之际，自由思想和学术研究都遭到残酷镇压。在这种背景下，《公同沿革史》上卷详实地记录了都市自治的发展，成为战后京都城市史研究百花齐放的坚实基础。参考文献中提及的老师的著作《近世京都町组发展史》，是其修订版，老师没有能够亲自参加修订，于1978年突然与世长辞了。

笔者不敢自诩为老师的得意门生，这次应岩波新书编辑部古川义子小姐的邀请，执笔本书。之前在《平家群像　从物语到史实》中有了一个良好的开始，为了不辜负期望，我也尽了自己最大的努力，但是如果秋山老师仍旧健在的话，大概并不会因此而褒奖我吧。一向温和亲切的老师，对我的评价十分恰当，“高桥嘛，就嘴皮子利索”——那声音至今犹在耳畔。

在执笔本书之际，笔者不才，愿以林屋辰三郎先生半个多世纪前出版的岩波新书《京都》为目标，努力赶超。林屋先生认为在把京都定位为“千年之都”的基础上，才出现了宽永期文化以及著名寺院神社的重建热潮，本书中借鉴了林屋先生的灼见。此外，受京都历史地理同考会主办者中村武生先生的邀请，我与他召集的市民共同参加了“林屋先生《京都》读书会”活动，并与其进行了广泛交流，受益匪浅。参加同考会的同志社女子大学的山田邦和先生作为研究伙伴，为本书提供了地图、插图等资料，给予了莫大的帮助。藉此谨记，深表谢意。

高桥昌明

2014年7月30日